LA REFORMA RADICAL Y LAS RAICES DEL PENTECOSTALISMO

DE LA REFORMA PROTESTANTE A LA
PENTECOSTALIDAD DE LA IGLESIA

Dr. Bernardo Campos

© 2017 Bernardo Campos / *La Reforma Radical y las Raíces del Pentecostalismo: De la Reforma Protestante a la Pentecostalidad de la Iglesia.*

© **2017** Publicaciones Kerigma
Salem Oregón, Estados Unidos

Todos los derechos son reservados. Por consiguiente: Se prohíbe la reproducción total o parcial de esta obra por cualquier medio de comunicación sea este digital, audio, video escrito, salvo para citaciones en trabajos de carácter académico según los márgenes de la ley o bajo el permiso escrito de Publicaciones Kerigma.

Imagen de Potada: La Guerra de los campesinos en Alemania, 1525

2017 Publicaciones Kerigma
Salem Oregón
All rights reserved

http://www.publicacioneskerigma.org/

ISBN: 978-0-9989204-4-3

© 2017 Publicaciones Kerigma
Segunda Edición: 1500 ejemplares

DEDICATORIA

*A Débora, mi esposa,
y a Sergio, con gratitud y aprecio.*

INDICE

PRÓLOGO 7
PRESENTACION...13
INTRODUCCIÓN 19
CAPITULO I PENTECOSTALISMO Y REFORMA PROTESTANTE **21**
   I. LA REFORMA OFICIAL...26
      Los actores y su condición social. *27*
      Las posibilidades utópicas de los pobres *32*
   II. LA REFORMA RADICAL..39
      Algunas características más resaltantes de "la herejía" campesina *43*
      Precisiones necesarias *46*
CAPITULO II LA FUNCION SOCIAL DE LOS PENTECOSTALISMOS EN AMERICA LATINA **53**
   I.   EL MARCO SOCIOLOGICO DE LA PRESENTE DISCUSION................54
      La respuesta religiosa a la problemática social...............................*54*
      La complejidad del Campo Religioso Latinoamericano *55*
      Importancia de ubicar los pentecostalismos en la compleja trama de la laicidad. *60*
   II. PRINCIPALES HIPOTESIS INTERPRETATIVAS DE LA RELACION ENTRE PENTECOSTALISMO Y SOCIEDAD...62
      1. Complejidad de la pregunta sociológica fundamental..................*62*
      2. Las hipótesis sociológicas sobre el pentecostalismo *64*
      a. Una forma de respuesta a la anomia social..................................*64*
      b. La religion de las clases oprimidas..*68*
      c. Una respuesta a la afliccion y sufrimiento de la sociedad *71*
      d. La construccion de una subjetividad popular como auto-produccion simbolica *73*
      e. Una satisfaccion religiosa al trauma de la Conquista *77*
   III. ESTRUCTURA DINAMICA DE LAS COMUNIDADES PENTECOSTALES 80
      1. Entre el carisma y la institucion..*80*
      2. Grupos primarios y grupos secundarios *83*
      3. Entre la masividad y la atomizacion..*84*
      4. La ideologia de santificacion *85*
   IV. LA IDEOLOGIA PENTECOSTAL...87
      1. La hipotesis a trabajar...*87*
      2. El pentecostalismo como ideología *89*
      3. La ideologia pentecostal como sistema simbólico.......................*91*
      4. Signos de contextualizacion organica del pentecostalismo.........*93*
      5. El pentecostalismo como respuesta religiosa alternativa *94*

6. *El pentecostalismo en relacion con el Movimiento ideologico latinoamericano.* *97*
V. HACIA UNA DIVISION DEL TRABAJO RELIGIOSO: LA FUNCION DE LAS IGLESIAS Y DE LAS DISIDENCIAS RELIGIOSAS 100
   1. *La eclesiología dinámica: iglesia y disidencia religiosa* *100*
   2. *La funcion social y simbolica de la iglesia*..*102*
   3. *El papel inevitablemente "radical" o "subversivo" de las disidencias religiosas* *106*

CAPITULO III PENTECOSTALISMO Y UNIDAD DE LA IGLESIA................ 111

   I. PENTECOSTALISMO Y "ECUMENISMO DEL ESPÍRITU" 111
   II. EL PROBLEMA DE CUAL PENTECOSTALISMO 112
   III. EL PROBLEMA DE CUAL ECUMENISMO 114
   IV. PENTECOSTALISMO Y ECUMENISMO: TRES ETAPAS DE UN CAMINAR DUBITATIVO 117

CAPITULO IV LA "TEOLOGÍA DE LA PENTECOSTALIDAD" COMO BASE PARA LA UNIDAD DE LA IGLESIA... 129

   I. LA PENTECOSTALIDAD COETÁNEA A LA CATOLICIDAD 129
   II. LA PENTECOSTALIDAD: CARISMA E INSTITUCIÓN ECLESIAL. 132
   III. LA PENTECOSTALIDAD COMO CRITERIO EPISTEMOLOGICO 133

CAPITULO V PLURALISMO RELIGIOSO Y UNIDAD DE LA IGLESIA: ANOTACIONES PARA UN DIALOGO INTERCONFESIONAL... 139

   I. PLURALISMO RELIGIOSO Y CAMPO RELIGIOSO 140
   II. PLURALISMO RELIGIOSO E INTERCONFESIONALIDAD 142
   III. EL DIALOGO INTER-RELIGIOSO 144
   IV. ESENCIA DE LA RELIGIÓN: NATURALEZA Y VERDAD DE LAS RELIGIONES .146
   PALABRAS FINALES 148

BIBLIOGRAFIA 149

PRÓLOGO

Aunque han pasado ya casi veinte años desde su edición, quiero rendir un homenaje a esta aportación de Bernardo Campos[1], tal vez insuficientemente trabajada por los investigadores, y en especial los que se desempeñan en el terreno de la sociología de la religión.

El libro, titulado originalmente *De la Reforma Protestante a la Pentecostalidad de la Iglesia: Debate sobre el Pentecostalismo Latinoamericano* (Quito, Ecuador: CLAI, 1997) traza una síntesis de la historia de las iglesias evangélicas sobre la base de un modelo binario, donde la pentecostalidad de la iglesia contrasta y compite con la institucionalización. Hoy, a veinte años de la primera edición, es reeditado por Publicaciones Kerigma, de Oregón, Estados Unidos, bajo el título *La Reforma Radical y las Raíces del Pentecostalismo: De la Reforma Protestante a la Pentecostalidad de la Iglesia*

Campos enfatiza la potencia funcional del pentecostalismo en el sistema social, como un vehículo de justicia capaz de ayudar a los más desfavorecidos en América Latina.

El trabajo de este teólogo peruano se asienta sobre un sólido manejo de literatura teológica y sociológica. Aquí revisaremos sus conceptos principales y estableceremos una discusión final arribando a una crítica hacia los que consideramos sus límites desde el análisis político.

Modelización de la historia de la iglesia cristiana

Bernardo Campos ubica el pentecostalismo en perspectiva histórica, sobre el trasfondo de las Reformas Protestantes: la Primera Reforma o Reforma Oficial, y la Reforma Radical, contemporánea de aquélla

---

[1] Este comentario al libro del Dr. Hilario Wyrnaczyck que ahora incluimos como Prólogo, apareció posteado por el autor el 12 de octubre del 2014 bajo el título *Religión y Agenda Política* en el Blog **Lupa Protestante** http://www.lupaprotestante.com/blog/religion-y-agenda-politica/ (Nota del Editor).

que dio lugar al movimiento anabaptista e iglesias evangelicales derivadas. La Primera Reforma se refiere a la luterana, 1517, calvinista, 1534, y también a la separación de la iglesia anglicana, 1555[2].

Todo el análisis de Bernardo Campos se mueve sobre esos polos analíticos, estableciendo una afinidad entre los protestantismos históricos de la Primera Reforma y el catolicismo, como iglesias vinculadas a la hegemonía del poder; y, en la vereda opuesta, la Reforma Radical, la disidencia religiosa, las agrupaciones religiosas en posición subalterna, que afirman una utopía universal contra-hegemónica, protestataria, transformadora o potencialmente transformadora. En este espacio, Bernardo Campos incluye el pentecostalismo.

Mientras que la Reforma Oficial dio lugar a iglesias que se asociaron con la potestad civil y legitimó la represión y la crueldad contra campesinos oprimidos (cap. 1), la segunda, cuya figura más destacada fue la de Thomas Münzer, llamado "teólogo de la revolución" por Ernst Bloch en un estudio clásico, expresó los anhelos de libertad de quienes criticaron la iglesia instituida como un factor de poder e iniquidad. Ellos pretendían que la iglesia no se confundiera más con los intereses del Estado, con los opresores, las estructuras clericales, y, en el plano estrictamente religioso, rechazaron las prácticas culturales de bautismo formal de los niños.

Para los seguidores de la Reforma Radical, la iglesia debería estar formada por los que se incorporaban a la misma a través de la conversión o nuevo nacimiento (un concepto clave –agreguemos– de todas las corrientes y denominaciones evangelicales y pentecostales posteriores, incluyendo las versiones políticamente conservadoras e inclusive reaccionarias).

De un modo convergente, la Reforma Radical expresó sentimientos de los desposeídos de la historia, y el pentecostalismo mucho más tarde con su escatología apocalíptica expresa, según Bernardo Campos, *un anhelo de justicia y un nuevo orden comunitario* que se coloca

---

[2] George H. Williams prefiere llamarlas "Reforma Magisterial y Reforma Radical": *La Reforma Radical.* México: FCE, 1983: 933-959ss.

en un plano imaginario de lo trans-social y lo a-histórico. La aspiración de *salir del mundo* permite ser leída como la potencialidad de *construir* un mundo.

Según Campos, "la Reforma oficial no fue pentecostal, sino más bien anti-pentecostal" (*p.* 38ss). Esto, en un sentido que se comprende más adelante al hablar de lo que Campos considera la *pentecostalidad* de la iglesia o el "principio pentecostal", ya que, en un sentido formal, en ese momento no existía lo que hoy consideramos las iglesias pentecostales.

De esta manera, Campos sostiene su análisis en una revisión histórica de las dos reformas las principales características de la estructura social del período en el que tuvieron lugar y las maneras en que las reformas se relacionaron con el poder de la nobleza y la burguesía y con la herencia teológica y cultural del Catolicismo Romano.

El pentecostalismo

Posteriormente Bernardo Campos analiza las características de estructura y función del pentecostalismo en América Latina, revisando con mucho rigor las principales aportaciones de la sociología y brindando una contribución propia a través de una clasificación o taxonomía de los pentecostalismos.

Una hipótesis importante que Campos establece es que, así como la escatología apocalíptica permitió el crecimiento del movimiento de la reforma radical (*p.* 38), la ideología de la santificación, centrada en la idea de restauración del poder carismático, ha sido el motor del crecimiento pentecostal *(pp. 78, 83, 84, 87, 88)* ya en el siglo XX. Y define: "Entendemos por ideología de santificación, el sistema simbólico motor cuyo eje básico es la santificación permanente de todo lo profano y que es capaz de legitimar y dar sentido a las prácticas proselitistas" (*p. 83*, énfasis mío).

En línea con esa idea, Campos constata que las iglesias pentecostales tienen una tendencia a conquistar espacios seculares para convertirlos en sagrados de acuerdo con su ideología de la santificación (*p. 87*) y movidas por lo que Campos denomina la "pulsión escatológica".

Asociada estrechamente a la ideología de la santificación, el texto de Campos permite verificar la vigencia, como un elemento constitutivo del pentecostalismo, de una cosmovisión dualista y sus consecuencias en una ética de separación del mundo.

Esta ideología da lugar dentro de la cosmovisión dualista, a posiciones oscilantes entre dos polos: el aislamiento de las prácticas sociales o *fuga mundi* (estudiado particularmente por el sociólogo Lalive D'Epinay en los países del Cono Sur americano), y la protesta profética frente al malestar de la civilización.

A pesar de la ambigüedad marcada, Campos considera que en el pentecostalismo existe una potencialidad enorme como ideología anti-hegemónica. Su concepto se basa en la idea de pentecostalidad como un principio subyacente a diversas manifestaciones históricas.

Aquí el supuesto central del trabajo es que "al pentecostalismo se le ofrece la posibilidad de una ruptura con la reforma luterana y una continuidad con la reforma radical" (*p.* 14). Este punto conduce a las ideas teológicas básicas que sostienen todo su estudio y su perspectiva sociológica.

La circulación entre el principio pentecostal y la institucionalización

Según Bernardo Campos, el Espíritu Santo es el Espíritu de Cristo que se manifiesta en la vida humana dando fuerza (*p. 129*) a los oprimidos, constituyendo una nación, el pueblo de Dios.

El Espíritu Santo también da el poder de comprender las Escrituras y otros hechos. Esto constituye para Campos el Principio Pentecostal, el Carisma Pentecostal y la base de la Pentecostalidad que atraviesa diversas formas históricas de lo pentecostal. La Praxis Pentecostal, consiste en la praxis que permite la manifestación del Principio Pentecostal en la historia de las formas religiosas con las que aparece o se manifiesta.

El principio contrario al principio pentecostal es la institucionalización, rutinización, burocratización del carisma dentro de las iglesias, un concepto en cuya construcción es claramente perceptible el empleo de un concepto de carisma y rutinización del carisma que Max Weber aplica a la teoría de la acción política. Vuelto a expresar el concepto por medio de términos que Bernardo Campos no utiliza, esta institucionalización no deja fluir la energía de Dios en la historia humana.

Ambos principios, el Principio Pentecostal y el de la institucionalización, interactúan dialécticamente. En gran medida el catolicismo, el protestantismo de la Reforma Oficial, y el pentecostalismo institucionalizado, se alinearon detrás de la institucionalización.

Por el contrario, la Reforma Radical y el pentecostalismo en varios de sus momentos históricos, aquellos en los que no resulta modificado por la institucionalización, se alinearon detrás del Principio Pentecostal.

En esta perspectiva el desafío del pentecostalismo como praxis consiste en volver a alinearse detrás del Principio Pentecostal que puede dar unidad a diversas expresiones del cristianismo.

El anhelo de justicia y la realidad política en la sociedad compleja

En definitiva, en el texto de Bernardo Campos hay una fuerte idealización de los sectores populares, la pentecostalidad como unión del hombre con Dios, la pentecostalidad como aquello que puede dar unidad a las iglesias cristianas; y situado en el trasfondo late continuamente un deseo de justicia que parece que debiera realizarse a través de la religión.

A partir de esta dinámica, el texto, sólidamente fundado en la literatura existente, se constituye en una sistematización de deseos y en una visión idealizada del pentecostalismo (*pp. 90, 96, 97*).

Por consiguiente, algunas afirmaciones básicas del libro son problemáticas desde la perspectiva de la convivencia social y política de colectivos heterogéneos en las sociedades modernas. Si un factor metafísico constituye la nación (*p. 101*), puede aparecer como una barrera para los no creyentes y para quienes creen de otro modo en una dimensión sobrenatural. Las naciones no pueden constituirse sobre un particular factor metafísico si son, o intentan ser, democracias que amalgaman poblaciones heterogéneas.

Por otra parte, la misma ideología de la santificación (*p. 82, 84, 87*), donde reside el motor del crecimiento del pentecostalismo, reúne condiciones que la tornan apta para ser re-procesada y alimentar de esta manera una tendencia hacia la obtención de poder e influencia, pasible de rendirse inadvertidamente al clientelismo ejercido por partidos políticos sobre los líderes pentecostales, y a los espejismos de la tentación de prebendas.

En su dimensión ideológica de fondo, el texto de Bernardo Campos termina presentando los mismos problemas de cualquier proceso de integración entre una agenda política y una teología que organiza un horizonte utópico. Esta es la dificultad de la fe religiosa y la democracia como forma de organización de la sociedad civil y del Estado en contextos complejos.

El libro de Bernardo Campos, considerado en un balance final, constituye sin dudas una aportación bien elaborada y con elementos de reflexión originales acerca del pentecostalismo, escrita desde el interior mismo de la sensibilidad del pentecostalismo y un valioso repaso de la literatura existente, sobre todo la que combina un punto de partida eclesiástico con una perspectiva propia de las ciencias sociales.

El idealismo que lo sustenta y las metas a las que se dirige resultan una fuente desafiante para la discusión y el análisis en el ámbito del cruce entre religión y política, discusión que puede avanzar, a partir del texto, más allá del texto.

~ Hilario Wyrnaczyck, PhD
Dr. en Sociología, profesor titular de Metodología
y Taller de Tesis en UNSAM, Universidad Nacional de San Martín, Argentina.
Investigador en sociología de la religión;
Especialista en iglesias evangélicas.
Argentina

PRESENTACION

Hoy es común mencionar a "los pentecostales" como un fenómeno que está presente y que invadió las esferas sociales y religiosas en la mayoría de nuestros países. Muchas veces, nuestra valoración del "fenómeno" se encuentra en relación directa con la manera como él nos ha beneficiado o inquietado. En ese sentido, celebro la iniciativa de la Secretaría Regional para el Río de la Plata del Consejo Latinoamericano de Iglesias (CLAI) de entablar, juntamente con las iglesias reformadas de la región, un diálogo sobre sus relaciones con el movimiento pentecostal. Es este diálogo, como señala enfáticamente el autor de este libro, el pastor y teólogo peruano Bernardo Campos, que nos permitirá encontrar los elementos comunes de nuestra fe y, en consecuencia, fortalecer la unidad de la iglesia. Una afirmación semejante estimula el trabajo del CLAI: es necesario conocer nuestra identidad para trabajar ecuménicamente al servicio de la unidad.

Es loable el esfuerzo teológico de Bernardo Campos para presentar esas reflexiones sobre la Reforma Protestante del siglo XVI en un diálogo permanente con las manifestaciones pentecostales de nuestros días. Ese análisis, que para muchos de nosotros facilitará la tarea de revisar críticamente la historia de nuestras iglesias, al mismo tiempo nos presenta de una forma transparente y "desde dentro" una lectura del movimiento pentecostal. Esto viene a llenar definitivamente un gran vacío. El pentecostalismo, por sus consecuencias sociales, eclesiológicas, culturales inclusive políticas, ya no es un asunto para "dentro de la casa"; hay una necesidad en el seno de la comunidad cristiana y en el conjunto y del conjunto de la sociedad, de saber de qué se trata. Y no son muchas las voces pentecostales que han propuesto una definición: La regla ha sido al revés, que analistas y teólogos de otras tradiciones se refieran al hecho pentecostal, además, en no pocas instancias se ha intentado una descalificación de pentecostalismo. Pero ya llegó el momento de superar los preconceptos y los sectarismos en relación al pentecostalismo. Es por eso que este libro de Bernardo Campos representa un marco significativo en la reflexión sobre el pentecostalismo y será referencia obligatoria en América Latina y en el Caribe para todo diálogo interreligioso de ahora en adelante.

En esta obra, Bernardo Campos introduce con mucha propiedad el concepto de *pentecostalidad*, definiéndola como la experiencia universal que expresa el acontecimiento pentecostés en su calidad de principio ordenador de la vida de aquellas personas que se identifican con el avivamiento pentecostal. Los pentecostalismos, señala el autor, son solo algunas de las manifestaciones históricas de esa pentecostalidad. Esa definición nos ayuda a comprender que se trata de un movimiento plural y diverso. Por tanto, toda generalización solamente puede generar confusión.

Con "libertad pentecostal" y una autoridad que le concede una investigación histórica seria, Campos refresca nuestra memoria sobre la Reforma Protestante del siglo XVI. De paso, él nos advierte de que sus diferentes vertientes se reflejan aun hoy en el espectro religioso contemporáneo. En su análisis de aquel evento trascendental, Campos destaca que la disidencia fundamental ocurrió en el plano político, de donde deriva la conclusión de que hoy se ofrece al pentecostalismo la posibilidad de una *ruptura* con la reforma luterana y una *continuidad* con la Reforma Radical. La Reforma, en efecto, no fue solo un conflicto religioso, sino también de poderes. Un análisis de los conflictos en torno de la Reforma del siglo XVI nos lleva a reconocer hoy que lo que nos une o nos divide no es necesaria o exclusivamente la diferencia confesional, sino las diferencias que existen entre dominados y dominadores, entre el pueblo pobre y creyente y la clase poderosa.

El primer capítulo de este libro nos conduce a reconocer que nosotros como protestantes continuamos siendo "consecuentes" con la separación entre la "Reforma Oficial" y la "Reforma Radical" y nos lleva a la necesidad de asumir conscientemente –y a superar— esa deuda histórica, si queremos superar divisiones y formar una misma familia. En palabras de Bernardo Campos, el diálogo que hoy debe haber entre los sectores religiosos es lo que tendría que haber acontecido entre la Reforma Oficial y la Reforma Radical en el siglo XVI.

El segundo capítulo, se dedica a analizar la función social de los pentecostalismos en América Latina, reconociendo de inmediato la complejidad que significa hablar de su papel de una forma tan vasta y compleja como son las diferentes expresiones religiosas en los países latinoamericanos.

No siempre tenemos la oportunidad de que alguien nos hable de un tema tan importante "desde dentro" y a partir de una vivencia de fe. No son pocos los estudios sobre el pentecostalismo hechos desde una perspectiva sociológica, estudios que ciertamente nos permiten una aproximación y una comprensión del fenómeno, pero que al mismo tiempo nos oculta el "alma", es decir, aquello que el Espíritu obra en cada ser y que constituye la esencia de la pentecostalidad. De ahí la importancia de lo que nos dice Bernardo Campos. Él no nos habla de aquello que vio, ni nos cuenta acerca de los que investigó desde fuera, sino de lo que él mismo vive y experimenta en relación con una comunidad de fe. Por eso son tan pertinentes las preguntas que hace Campos, pues él también se pregunta a sí mismo y, a través de su mediación, al pentecostalismo: ¿Es el pentecostalismo una religión popular? ¿Las iglesias pentecostales tienen la capacidad de convertirse en agentes de transformación social? ¿Representan ellas un verdadero contra-poder político religioso? ¿Qué significa que las iglesias pentecostales desarrollen su misión fundamentalmente entre los sectores populares? ¿En qué medida los fieles encuentran en la comunidad de fe, la humanidad que la sociedad les niega?

En ese contexto me parece interesante la reflexión de Campos cuando firma que solamente una iglesia libre del poder establecido está en condiciones de ser "conciencia de la nación". Para eso, insiste él, la única forma que la iglesia tiene para librarse de una acomodación subjetiva en la sociedad civil y política es haciendo de los pobres, de las clases populares, el referente "externo", intersubjetivo, de control evangélico y misionero.

El último capítulo de este libro tiene que ver con las relaciones entre el pentecostalismo y la unidad de la iglesia. Está claro que hablar de pentecostales o del pentecostalismo no es necesariamente sinónimo de unidad y ecumenismo. Por el contrario, constituye para muchos de nosotros, un desafío y una tarea pedagógica entender y explicar que se trata de un movimiento diversificado y de orígenes heterogéneos.

Uno de los líderes del pentecostalismo latinoamericano, el pastor Gabriel Vaccaro, decía: "Los pentecostales son ecuménicos por naturaleza. Ser pentecostal (Pentecostés) es ser ecuménico". Bernardo Campos dirá que "el pentecostalismo es una señal o una manifestación de un movimiento del Espíritu para la unidad de la iglesia". La pregunta, claro está, es de qué pentecostalismo hablamos. En este capítulo Campos distingue y analiza cuatro tendencias [p.23]. De esas cuatro tendencias del pentecostalismo en nuestro continente, el CLAI tiene el privilegio de contar entre sus miembros con aquel que Bernardo Campos llama *pentecostalismo de raigambre nacional*. Esas iglesias pentecostales están entre las tres primeras denominaciones más numerosas afiliadas al CLAI. De ellas llegan a nosotros testimonios muy significativos de solidaridad para con los más pobres, de atención a los necesitados y excluidos y una vivencia intensa y cotidiana de la fe. Ellas enriquecen con su especial contribución el movimiento ecuménico en estas latitudes. Sin embargo, Bernardo no ignora el hecho de haber profunda división entre los pentecostales, de la misma manera como existe división entre éstos y el protestantismo y el catolicismo romano. Aquí hay una enorme tarea a realizar: sin esconder nuestras diferencias, es imprescindible enfatizar los elementos que nos unen.

El movimiento pentecostal encierra en sí una enorme capacidad movilizadora. Deseamos un pentecostalismo que viva una auténtica *pentecostalidad*. Muchas cosas pueden cambiar en nuestros países si cuidamos que nuestras iglesias no se acomoden al sistema ni a este siglo, sino que lo transformen para que todos podamos experimentar la voluntad y la gracia de Dios.

No quiero terminar esta presentación sin agradecer de todo corazón a Bernardo Campos, a Juan Abelardo Schvindt, Secretario Regional del CLAI para el Río de la Plata, y a las iglesias que participaron de ese importante diálogo entre pentecostales y las denominaciones oriundas de la Reforma. También a Marta Palma, quien desde Ginebra nos animó y apoyó solidariamente en este proyecto, y a nuestro Departamento de Comunicación, que hizo lo posible para materializar esas ideas en un bello libro que ahora llega a las manos de muchos y muchas hermanas en todo el Continente. De la Reforma Protestante a la Pentecostalidad de la Iglesia, subrayo por segunda vez, será un referente obligado para el diálogo interreligioso y ayudará a las iglesias pentecostales, las iglesias de tradición reformada y de tradición anabaptista a comprender que somos parte de una misma familia y que la unidad de la iglesia es un imperativo, es un mandato, y no una opción. Pues, como afirma el evangelio, "una casa dividida contra sí misma no puede permanecer"

En Cristo,

Felipe Adolf
Secretario General de 1983-1998
Consejo Latinoamericano de Iglesias (CLAI)

INTRODUCCIÓN

Me complace presentar la segunda edición de mi libro *De la Reforma Protestante a la Pentecostalidad de la Iglesia: Debate sobre el pentecostalismo en América Latina*, publicado originalmente por el Consejo Latinoamericano de Iglesias, en Quito, Ecuador, 1997. Ahora, después de veinte años, Kerigma Publicaciones, de Salen, Oregón, Estados Unidos, me ha concedido esta segunda edición corregida y aumentada, bajo el título *La Reforma Radical y las raíces del pentecostalismo*.

La Reforma Radical y las raíces del pentecostalismo, forma parte de un ciclo de tres conferencias dadas por el autor en Colonia Valdense, Uruguay, en 1995. Las conferencias respondieron a una iniciativa de los valdenses y del Consejo Latinoamericano de Iglesias, para promover el diálogo entre la tradición reformada y otras tradiciones. Colonia Valdense fue testigo de un diálogo significativo y un acercamiento simbólico entre Reformados y Pentecostales. El propósito era poner en la mesa de discusión puntos comunes para fortalecer el encuentro y la unidad de la Iglesia entre diversas familias denominacionales, y al mismo tiempo, promover el intercambio entre líderes de la Región Andina y del Río de la Plata.

La primera conferencia *pentecostalismo y Reforma Protestante*, nos obligó a hacer una *relectura* de la Reforma Protestante con la finalidad de establecer un primer punto de encuentro histórico. La memoria de la historia de la iglesia, permitió analizar y contrastar la Reforma Oficial con la Reforma Radical, con el único propósito de sacar lecciones para la vida presente. Durante las conferencias, los participantes hicieron importantes aportes, y la discusión resultó en un diálogo fecundo sobre las herencias e identidades forjadas inmediatamente después de la Reforma, acercándose o separándose de ella por razones socio-culturales, doctrinales, ideológicas y teológicas.

La segunda conferencia, *La función social de los pentecostalismos en América Latina*, presentó las principales hipótesis interpretativas del pentecostalismo latinoamericano y de su función en los procesos de cambio social. Se buscaba con ello una presentación más objetiva de la función de los pentecostalismos en América Latina, visto desde los estudios científicos sociales, de los cuales se nutre la mayoría de los miembros de otras tradiciones para comprender el pentecostalismo. Fue necesario, sin embargo, que, con posterioridad al evento, el autor añadiera su palabra interpretativa sobre la naturaleza del pentecostalismo latinoamericano para hacer viable una interlocución entre pentecostales y reformados. A la par con la presentación, los participantes pudieron emitir sus apreciaciones de los tipos de pentecostalismo que conocían o con los cuales habían hecho alguna vez interlocución. Si la primera conferencia permitió un acercamiento histórico, la segunda nos aproximó a una visión sociológica de los pentecostalismos.

La tercera conferencia, *pentecostalismo y unidad de la Iglesia*, es todavía un esbozo y en forma inacabada, indujo a una discusión sobre lo *interconfesional* y sobre el aporte del pentecostalismo a la unidad de la iglesia. Allí presentamos algunas notas para una *teología de la Pentecostalidad de la Iglesia*, como superación de los pentecostalismos que son sólo una de sus manifestaciones históricas. Proponíamos la *pentecostalidad* como un criterio epistemológico para hablar de la unidad de la Iglesia como vocación universal, y en la posibilidad de superación de las aporías que impiden un verdadero y eficaz ecumenismo. El capítulo está acompañado de una discusión sobre el pluralismo religioso, la inter confesionalidad en el marco de lo cristiano y el diálogo inter religioso en un marco mucho más amplio que es la unidad del género humano.

Se presentan ahora al público hispano con la esperanza de que, por lo menos en el ámbito cristiano protestante, el encuentro entre las diversas familias denominacionales se fortalezca, y se abran caminos para lograr el encuentro definitivo con Cristo en su Venida.

*****Bernardo Campos*****
Fundador y director de la Facultad Pentecostal de Teología y del Instituto Peruano de Estudios de la Religión, en Lima, Perú

CAPITULO I
PENTECOSTALISMO Y REFORMA PROTESTANTE

A decir verdad, lo que tengo que decir como pentecostal de la Reforma Protestante es bastante poco.
Por el contrario, son ustedes los reformados quienes en realidad tienen mucho que aportar a mi comprensión. Por esa razón, me limitaré a hacer algunas reflexiones, sin mayor rigor científico, en la esperanza que, de la discusión posterior, podamos extraer algunas lecciones para la iglesia de nuestro tiempo.
La pregunta que motiva mi reflexión en este capítulo es la siguiente: **¿Qué relación puede establecerse entre el pentecostalismo actual y la Reforma Protestante del siglo XVI?**

Contestarla supone, entre otras cosas, recordar que la iglesia cristiana a la que pertenecían Lutero, Calvino, Zwinglio, tanto como Grebel, Balthazar Hubmaier, Satler, Münzer y tantos otros hermanos de aquella época, es la misma a la que pertenecemos nosotros ahora. En tal sentido, se establece una relación de **continuidad**. Por lo tanto, lo que haya sucedido allá, en esa época, hace exactamente 500 años, de alguna forma nos atañe y constituye nuestra memoria histórica, así como nuestra conciencia grata o culpable. Siendo así, la reforma protestante, o quizá más específicamente el pensamiento o "principio protestante" (Tillich)[3] que emana de ella, debe constituir el soporte teológico para nuestra identidad socio-religiosa:

> El *Principio Protestante"*, nombre derivado de la "protesta protestante" destinada a contrariar las decisiones de la mayoría católica, contiene las protestas divinas y humanas contra cualquier exigencia absoluta referente a una realidad relativa, y se opone a la misma aun cuando la efectúe una iglesia protestante. El *principio protestante* es juez de toda realidad religiosa o cultural...(y) no debe ser confundido con el "absoluto"

---

[3]. Paul Tillich, *La Era Protestante*. Bs. As: Paidós, 1965: 245-246.

del idealismo alemán ni con el "ser" de la filosofía antigua o moderna (...) Es la expresión teológica de la verdadera relación entre lo incondicional y lo condicionado y --expresado religiosamente-- entre Dios y el hombre[4]

Es interesante oír la recomendación de Tillich para la sobrevivencia del protestantismo:

> El análisis de las posibilidades de sobrevivencia para el protestantismo en las circunstancias actuales, puede formularse de la siguiente manera: 1) El protestantismo como iglesia para las masas, sólo podrá seguir existiendo si logra sobrellevar una transformación fundamental, para lo cual necesita una nueva interpretación de aquellos símbolos y objetos que hemos denominado "objetividades sagradas". Para sobrevivir debe volver a formular su prédica de modo tal que pueda constituir un mensaje coherente y aceptable para un mundo desintegrado que intenta reintegrarse, 2) En este proceso de adaptación, el protestantismo podrá apelar a algunos recursos que son inaccesibles a cualquier forma de catolicismo, es decir, a la posibilidad de establecer con el mundo secular relaciones mejor diferenciadas y más directas que las que pueden mantener con él cualquiera de las otras religiones, 3) La contribución más importante del protestantismo al mundo, tanto en el pasado como en el presente y en el futuro, es el principio de la *protesta profética* contra todo poder que reclame para sí un carácter divino, así sea iglesia o estado, partido o líder [5].

En un sentido histórico y social, el pentecostalismo es heredero de la Reforma. De hecho, muchos lo reconocen como un *protestantismo popular*, y lo distinguen del protestantismo "histórico" --término a todas luces impreciso, porque el pentecostalismo no es a-histórico para nada-- o del "viejo protestantismo" como solía decir Troeltsch[6]. Ernst

---

[4] Ibid.
[5] Ibid: 330-335.
[6] Erns Troeltsch, *El Protestantismo y el Mundo Moderno*. México: FCE, [6]1983: 30-31.

Troeltsch se refiere directamente al "viejo protestantismo del luteranismo y del calvinismo" como el "genuino", diferenciándolo rotundamente del "protestantismo nuevo", partidario del fanatismo, entusiasmo y sectarismo, más bien influido por la teología humanista, el baptismo y el misticismo espiritualista. Y añade Troeltsch:

> "Con todo, ese viejo y genuino protestantismo no es más que una transformación del catolicismo, una prolongación de planteamientos católicos a los que se ofrece una nueva respuesta"[7]

El pentecostalismo, como la gran mayoría de los evangélicos de América Latina y El Caribe, es heredero --en sus diversas vertientes-- de la teología y vida de la amplia y compleja Reforma Protestante. Pero ha sucedido que, con el paso del tiempo y su inserción en diversas culturas, ha sufrido transformaciones de tal modo que las huellas de la Reforma son ininteligibles. Hoy tenemos una amplia gama de pentecostalismos y muchos de ellos más parecen catolicismos que protestantismos, como han notado algunos investigadores.

Habría que diferenciar por lo menos cuatro tendencias básicas en el pentecostalismo latinoamericano:

1. El *pentecostalismo de expansión internacional*, con fuerte influencia del fundamentalismo americano;
2. El *pentecostalismo de raigambre nacional*, en abierta diferenciación del fundamentalismo norteamericano;
3. El *neopentecostalismo* más cercano al catolicismo que al protestantismo evangélico, pero todavía oscilante e indefinido; y
4. Los denominados "*iso-pentecostalismos*" ("movimientos de cura divina" según Mendonça[8]) por estar en sintonía con algunas peculiaridades del pentecostalismo clásico, pero cuya identidad, aún en proceso de desarrollo, parece ser de naturaleza distinta.

---

[7] *Ibid*: 38
[8] Antonio Gouvea. Mendonça y Prócoro Velasques Filho, *Introdução ao Protestantismo no Brasil* Sao Paulo, Brasil: Ediçoes Loyola, 1990: 11-59.

Poco a poco la hipótesis de que los pentecostalismos no son sino entidades de un catolicismo transformado, que es lo que también piensa Ernst Troeltsch del luteranismo y calvinismo en frente al catolicismo romano, va siendo más aceptada. Yo pienso que cabría mejor hablar de diversas *raíces* que matizan las identidades religiosas. El protestantismo pentecostal debe reconocer raíces católico-romanas (catolicismo tradicional y popular), raíces reformadas (luteranas, calvinistas, anglicanas, especialmente anabaptistas) raíces culturales (andinas, rioplatenses, afrobrasileñas, caribeñas, etc.), raíces semíticas, dada su predilección por el Antiguo Testamento. Tales influjos o raíces históricas, habrían creado un nuevo espectro socio-religioso de la identidad cristiana pentecostal ya por sí misma compleja y sincrética.

Ahora bien, cuando hablamos del protestantismo, como cuando hablamos de la Reforma Protestante, entendemos que ninguno de los dos es homogéneo. Hay que reconocer una variedad de tendencias en la propia Reforma Protestante, comenzando por la distinción clásica entre la Reforma Oficial y la Reforma Radical y siguiendo con las diferenciaciones de lugar y énfasis en la Europa de la época[9]. De la misma manera como hablamos de los *protestantismos*, en plural, debemos reconocer una serie de vertientes de la propia Reforma Protestante. No obstante, eso no significa que existen diversas Reformas Protestantes o diversos protestantismos, al punto, tan dispares, como para disociarlos o como para creer que existen identidades muy antagónicas. Creo que en general hay **una** Reforma Protestante y **un** protestantismo amplio, complejo y plural del que, queriéndolo o no, somos parte, y que, de alguna manera, nos diferencia de los católico-romanos en materia de organización, historia y estructura.

Dicho esto, sin embargo, debemos reconocer que se establece también una **ruptura** entre ese magno, singular, único e irrepetible acontecimiento del cristianismo y la vida y misión de nuestra iglesia contemporánea. Esto es así porque nuestra Iglesia, en toda su variedad y complejidad histórica, geográfica, social, ideológica, teológica y cosmo-

---

[9] Vimos en la p. 9 que George H. Williams prefiere llamarlas "Reforma Magisterial y Reforma Radical": Williams, George Huntson. *La Reforma Radical*. México: FCE, 1983: 933-959ss

visional, difiere, en gran parte, de aquella etapa de desarrollo del cristianismo del siglo XVI.

Sin duda los historiadores me demostrarán la importancia de recoger la experiencia pasada de nuestra iglesia y tal vez la necesidad de inspirarnos en ella para encontrar nuevas luces que iluminen nuestras prácticas actuales. Eso me parece bien, especialmente para los luteranos, calvinistas o zwinglianos. Pero me pregunto ¿hasta qué punto es también importante para nosotros los pentecostales, más allá de la mera información histórica? La ruptura fundamental se da en el aspecto político, pues las diversas reformas, la luterana y la de Münster, representaron diversos proyectos políticos según la condición de los diversos actores sociales. Por lo tanto, al pentecostalismo se le ofrece la posibilidad tanto de una *ruptura* con la reforma luterana y una *continuidad* con la reforma radical. Puedo esgrimir primero dos razones por las que la Reforma Oficial puede ser importante para los pentecostales.

Primero porque la Reforma fue básicamente un intento de transformación de la sociedad medieval desde su núcleo religioso, ya que la Iglesia se había constituido en detentora del poder terrenal, bajo el símbolo de lo religioso. O se puede decir al revés, que las reivindicaciones de orden social, político, económico, etc., estaban signadas por lo religioso. En tal sentido, cualquier transformación del orden social en América Latina, un continente eminentemente religioso, puede y debe tener allí un parangón o una fuente de inspiración.

Segundo porque la Reforma aporta elementos, aunque sea indirectos para la comprensión y afirmación de nuestra identidad socio-religiosa en el presente. Como una identidad entrecruzada con nuestra situación de clase, nuestra condición económica y hasta nuestra comprensión y opción política.

Por otra parte, los pentecostales, aparte de reconocer el hecho puntual de las 95 tesis del monje agustino de Turingia, nos hemos detenido muy poco en el estudio de la Reforma, sus causas sociales, políticas y económicas o en sus implicancias para la vida presente. La 95 tesis, aparte de las reformas religiosas que reivindicaba o del ideal de volver al cristianismo primitivo, cayeron como chispa en el polvorín levantado ya antes de Lutero por una ola de revueltas de todas las clases sociales de entonces.

Tenemos, en este sentido, muy poca o muy mala memoria, quizá tal vez porque tenemos ingratos recuerdos de ella, razón por la cual no nos resulta muy atractivo recordar la Reforma Protestante. Por ejemplo, en el Perú la celebración del día de la Reforma tuvo éxito entre las iglesias evangélicas (especialmente las iglesias pentecostales) hasta que éstas se sintieron más independientes y con capacidad para celebrar su identidad más particular e inmediata. Para los pentecostales las fiestas patrias son quizá más importantes que el día de la Reforma. Las convocatorias del Concilio Nacional Evangélico del Perú (CONEP) para esta celebración tuvieron eco mientras su presbiteriano secretario ejecutivo se mantuvo en el poder.

Pese a que la reforma luterana (1517), calvinista (1534) y anglicana (1555) de alguna forma nos implica y nos dona identidad de "no católicos", no constituye, sin embargo, la totalidad de nuestra tradición pentecostal porque, a excepción de la Reforma Radical, la Reforma Oficial no fue pentecostal, sino más bien anti-pentecostal. Mostraré, a continuación, los rasgos más saltantes de ambas reformas.

I. LA REFORMA OFICIAL

La Reforma Protestante fue un acontecimiento histórico de la Iglesia del Siglo XVI que tocó radicalmente la decadencia moral del Romanismo. Como se sabe, Lutero no buscaba la eliminación de orden sacerdotal, sino la independencia en la interpretación de la Biblia y el poder de convocar el Concilio. Según esta triple consigna luterana, se enrostraba a la iglesia de entonces el haber pervertido el Culto y de haber inventado nuevos sacramentos. El papado se había convertido en la más grande usurpación de la historia, por lo que Lutero nunca cesó de luchar por la abolición del Estado Religioso, la eliminación del derecho canónico y los asuntos extra-bíblicos de la teología católica.

Lutero buscó también la supresión de la doctrina del mérito y de las indulgencias, la transformación de la misa y la destrucción de la estructura jerárquica, empezando por el mismo papado al constituir un abuso de poder. Pero la Reforma protestante no fue únicamente un movimiento religioso, fue también un conflicto de poderes y de intereses de los diversos actores sociales de la época. Esto fue así porque las condiciones sociales de la época se configuraban de acuerdo a las transformaciones culturales, lamentablemente en contra de los más débiles. Federico Engels describe con realismo descarnado la situación de Alemania hacia el siglo XVI, que sirve como ejemplo de la vida cotidiana de entonces, escenario de nuestras reformas[10].

Los actores y su condición social.

La industria alemana había adquirido notable desarrollo en los siglos anteriores, al punto que el gremio de las ciudades había substituido la industria feudal del campo. Producían para un círculo más amplio, incluso para mercados lejanos. El arte del tejido se desarrolló gracias a la opulencia y al lujo eclesiástico y secular de plateros, joyeros, escultores, tallistas, grabadores, armeros, medallistas, torneros, etc. Conjunto productivo que será después la base de la naciente burguesía. En la Edad Media y el Antiguo Régimen, la *burguesía* era la clase social formada por los habitantes de los burgos o ciudades que tenían unos privilegios laborales reconocidos.

Gracias a los inventos de la época como la pólvora y la imprenta, la producción había aumentado. Con la Industria se desarrolló el Comercio. Debido al monopolio de la navegación ejercido por la Liga hanseática, toda la Alemania del norte se había emancipado de la barbarie medieval. Augsburgo era por ejemplo el sitio de llegada de sedas italianas, especias indias y toda clase de productos orientales. Ciudades del sur como Augsburgo y Nuremberg, ostentaban una riqueza y un lujo considerables por entonces.

En efecto, durante mucho tiempo, la historia de Alemania y Europa

---

[10] para los fines de esta presentación, me permito citar in extenso a Engels de su obra *Las Guerras Campesina en Alemania*. Cali, Colombia: Ed. Andreus, 1979: 31-45 y passim.

ha dejado su impronta en esta ciudad. Augsburgo siempre ha sido un poco más rica, más esplendorosa y más impresionante que otras ciudades. Ya en la Alta Edad Media los viajeros quedaban impresionados con sus imponentes iglesias, como por ejemplo la Catedral, con sus maravillosas puertas de bronce que hoy ya cuentan con 1000 años de historia, y con la basílica de St. Ulrich y Afra, dos de los santos de esta ciudad. Estos edificios están rodeados por las grandes fortificaciones de la Augsburgo medieval y por la muralla completa, de la que hoy aún se conservan algunas partes. Dentro de estos muros se asentaron muchos orfebres, que lograron labrarse una excelente fama a lo largo de los siglos. Sus obras están expuestas en varios museos y exposiciones e incluso pueden adquirirse en las numerosas empresas pequeñas que aún existen hoy en día.

Con todo, la producción nacional de Alemania no había seguido el mismo ritmo que en otros países. La agricultura era muy inferior a la de Inglaterra y los países bajos. La industria inferior a la de Italia, Flandes e Inglaterra. Por otra parte, la competencia de los navegantes ingleses y sobre todo holandeses empezaba a hacer sentir sus efectos.

La comunicación cultural y comercial entre los pueblos era muy pobre. Los mercados del sur eran muy diferentes a los del norte y ninguna ciudad se había convertido en el centro económico del país, como lo era Londres en Inglaterra. El tráfico interior disponía tan solo de navegación costera y fluvial y de unas cuantas vías comerciales. Lejos de ríos y carreteras comerciales había un gran número de pequeñas ciudades que excluidas de los grandes centros mercantiles seguían vegetando en las condiciones de vida de la Edad media, sin consumir casi ningún producto ajeno y prácticamente sin ningún producto de exportación. Entre la población rural, sólo la aristocracia tenía algún conocimiento del mundo exterior y de las nuevas costumbres y necesidades. La masa campesina no poseía más que relaciones puramente locales y tenía por consiguiente un horizonte bastante limitado.

Mientras en Francia e Inglaterra el desarrollo del comercio y de la industria tuvo como consecuencia la creación de intereses generales para el país entero y con esto la centralización política, Alemania no pasó de la agrupación de intereses por provincias, alrededor de centros puramente locales que llevó a la fragmentación política. Alemania se excluyó así del comercio mundial. A medida que decaía el imperio feudal, se debilitaban los lazos de unión y los grandes vasallos se transformaron en príncipes casi independientes. Las ciudades se hicieron libres, los caballeros del imperio formaron alianzas y guerreaban entre sí o contra los príncipes y el emperador. Triunfó así la centralización local y los que salieron ganando fueron los príncipes frente a los cuales el emperador se convertía en un príncipe más.

La situación de clases sociales había cambiado por completo en tales circunstancias.

LOS PRINCIPES habían salido de la alta nobleza y eran casi independientes del emperador. Poseían la mayor parte de los derechos de soberanía. Declaraban la guerra y firmaban la paz a su antojo, sostenían ejércitos permanentes, convocaban asambleas locales y cobraban impuestos. Mandaban ya sobre una parte de la pequeña nobleza y de las ciudades. Se valían de todos los medios para incorporarse las restantes ciudades y baronías que aun dependían del imperio. Sus métodos de gobierno eran bastante autoritarios. No convocaban los Estados sino cuando no les quedaba ya otra salida. Decretaban impuestos y negociaban empréstitos. Las necesidades de los príncipes aumentaban con el lujo y la importancia de la vida cortesana, con los ejércitos permanentes y con los gastos de gobierno. La carga tributaria para el pueblo se hizo más abrumadora.

Una gran parte de las ciudades estaba protegida por sus privilegios, pero la mayor carga caía de lleno sobre los campesinos, tanto sobre los *dominiales*[11] de los propios príncipes como de los siervos de los *caballeros*. Cuando no bastaba la imposición directa, se recurrió a las maniobras más ingeniosas del arte financiero para llenar los vacíos del erario. Procedían a operaciones monetarias de las más sucias: acuñaban monedas de baja ley o imponían un curso forzado alto o bajo,

---

[11] Antiguamente, en la época de los señores feudales, el 'dominial' se aplicaba particularmente a los derechos pagados por los feudatarios al señor del feudo. En nuestros tiempos el 'señor del feudo' es el Fisco por lo que los dominicales deben aludir a las contribuciones de bienes raíces, esto es, a los impuestos a los bienes inmuebles. Entonces se refiere al historial de pago de impuestos a la propiedad del bien raíz.

según conviniera al fisco.

El tráfico con toda clase de privilegios, que se anulaban después de vendidos para volver a venderlos más caros; el aprovechamiento de todo intento de oposición como pretexto para toda clase de incendios y saqueos, etc., constituían otras tantas fuentes de ingreso seguras y cómodas para los príncipes de aquella época. La justicia era también un negocio permanente y muy lucrativo.

La NOBLEZA MEDIA había desaparecido por completo de la jerarquía feudal de la Edad media. La pequeña nobleza y los caballeros decaían rápidamente. Una gran parte estaba ya completamente empobrecida. Vivían al servicio de los príncipes como funcionarios civiles o militares. El desarrollo de la técnica militar, la importancia creciente de la infantería y el perfeccionamiento de las armas de fuego, aniquilaron su poder guerrero reduciendo la eficacia de la caballería pesada y acabando con la fortaleza inexpugnable de sus castillos. El progreso de la industria hacía inútiles a los caballeros, lo mismo que a los artesanos de Nuremberg. Por su parte, los señoríos para sobrevivir tuvieron que recurrir a las sucias artes de los príncipes. La opresión que ejercía la nobleza crecía de año en año. Los siervos eran explotados hasta la última gota de sangre.

EL CLERO como representante ideológico del feudalismo medieval, sufrió también las consecuencias del cambio histórico. La imprenta y las necesidades de un comercio más intenso habían acabado con su monopolio de leer y escribir, incluso con el de la educación superior. Los Juristas, oficio recién creado, quitaron al clero una serie de posiciones de gran importancia. La mayor parte del clero se hizo inútil, perezoso e ignorante. Atraídos por la enorme riqueza de la iglesia, aumentó, sin embargo, el número de clérigos.

El **clero** se dividía en dos grupos completamente distintos.

La JERARQUÍA FEUDAL era integrada por los obispos, arzobispos, abates, priores y otros prelados. Estos formaban el grupo aristocrático. Al mismo tiempo que altos dignatarios de la iglesia, eran príncipes del Imperio o dominaban, como señores feudales, bajo la soberanía de otros príncipes, grandes territorios con numerosos siervos y vasallos. No sólo explotaban a sus súbditos con tanto y más saña que la nobleza y los príncipes, sino que obraban de manera aún más desvergonzada. A la violencia ejercida, la jerarquía feudal añadió toda la sutileza de la religión, el horror de las torturas, los horrores de la excomunión y de la no absolución. Se valían de todas las intrigas del confesionario para arrancar a los súbditos el último centavo y aumentar la parte de la iglesia en las herencias. La falsificación de documentos, aparte de impuestos y diezmos, era un medio favorito para sus extorsiones y acumulación de dinero. Para arrancar más tributos al pueblo recurrieron a la fabricación de imágenes y reliquias milagrosas, a la comercialización de las peregrinaciones y a la venta de bulas y de indulgencias.

LOS PREDICADORES DEL CAMPO Y LAS CIUDADES constituían la facción plebeya del clero. Se hallaban al margen de la jerarquía feudal de la iglesia y estaban excluidos del goce de sus riquezas. Su trabajo estaba menos controlado. Eran por tanto bastante mal pagados y se mantenían en buenas relaciones con el pueblo. Si la participación de los monjes en los movimientos de protesta social de la época fue excepcional, la del clero plebeyo fue frecuente. Dieron a los movimientos populares de la época muchos ideólogos y algunos mártires que ofrendaron su vida en el cadalso por esa causa.

Por último, estaban LOS CAMPESINOS. Todas las clases anteriormente nombradas oprimían a los campesinos. Constituían la gran masa de la nación. El campesinado soportaba el gran peso de todo el edificio social: príncipes, funcionarios, nobleza, frailes, patricios y burgueses. El príncipe como el barón, el monasterio como la ciudad, todos los trataban peor que a las bestias de carga. Como siervos estaban entregados a su señor atados de pies y manos. Siendo vasallos, los servicios a que les obligaba la ley y el contrato, eran ya suficientes para aplastarlos. Lejos de disminuirles la carga, se les aumentaba continuamente.

Durante la mayor parte del tiempo, el campesino debía trabajar en las fincas del señor. Con lo que ganaba en sus ratos libres, tenía que pagar sus diezmos, censos, pechos, tributos de guerra e impuestos regionales e imperiales. No podía casarse ni morir sin que le cobrase algo su señor. Además de sus servicios regulares tenía que recoger paja, fresas, bayas, conchas de caracol, ayudar en la caza, cortar leña, etc. Todo para el señor.

El campesino tenía que callar y resignarse mientras que la caza del amo destruía su cosecha. Los señores se habían apropiado de casi todos los montes y pastos comunales. Lo mismo que de la propiedad, el señor disponía arbitrariamente de la persona del campesino y de su mujer y de sus hijas. Se le llamaba el "derecho de pernada" (en latín vulgar medieval, *Ius primae noctis*) que teóricamente establecía la potestad señorial de tener relaciones sexuales con toda doncella, sierva de su feudo, recién casada con otro siervo suyo. Cuando quería mandaba encerrar a sus siervos al calabozo donde los esperaba la tortura con la misma seguridad que el juez de instrucción espera al criminal en nuestros días. Los mataba o los mandaba degollar cuando quería.

No hay capítulo de la "*Lex Carolina*" --código penal del emperador Carlos V (1519-1556)[12] que no trate del "desorejamiento", "de la abscisión de narices", "del vaciamiento de los ojos", "de la cortadura de dedos y manos", "de la decapitación", "del suplicio de la rueda", "de la hoguera", "del atenazamiento", "del descuartizamiento", etc., que los señores protectores no hayan aplicado a los campesinos. ¿Quién los habría a proteger, si los tribunales estaban compuestos por barones, frailes, patricios o juristas que no ignoraban la razón por la cual se les pagaba? Todas las clases altas del imperio vivían de la expoliación de los campesinos.

Las posibilidades utópicas de los pobres

Bajo tan intolerable opresión, los campesinos sólo rechinaban los dientes y les era muy difícil decidirse por la insurrección. Estaban divididos y ello dificultaba todo acuerdo entre ellos. La costumbre secular de la *sumisión* transmitida de generación en generación y en muchas regiones la pérdida del hábito de usar armas, más la dureza

---

[12] La *Constitutio Criminalis Carolina* (también conocida como Lex Carolina) era un cuerpo de leyes del Sacro Imperio Romano Germánico aprobado en 1532 durante el reinado de Carlos V, del que toma su nombre. Es considerada el primer cuerpo de derecho penal alemán. En alemán se denominó *Halsgerichtsordnung Karls V* (Procedimiento para el enjuiciamiento de crímenes capitales de Carlos V).

más o menos grande de la explotación, que variaba según la maldad del señor, contribuyeron a mantenerlos inmóviles.

Mientras se les opusiera el poder organizado de los príncipes, de la nobleza y de las ciudades unidas, los campesinos no serían capaces de hacer una revolución por sí solos. Su única oportunidad de vencer habría sido mediante una alianza con otras clases; pero ¿cómo unirse a ellas si todas los explotaban con igual saña?

El único camino posible en tal situación lo facilitó la religión, mediante un *mesianismo* espiritual y político al mismo tiempo. Fue necesaria la aparición de caudillos carismáticos como Thomas Münzer y otros para animarlos a organizarse en favor de sí mismos. Era necesario una utopía escatológica que los impulsara a alcanzar aquí y ahora su redención.

¿De qué lado de la ola de reformas vendría su liberación? ¿De la reforma luterana? Imposible. Lutero representaba para ellos la oposición burguesa. El único camino posible era el de la "herejía", pero el de la "herejía radical".

La oposición al feudalismo se manifestaría a través de toda la edad media mediante el *misticismo*, la *herejía* abierta o la *insurrección* armada. Debía aparecer en una forma religiosa, en razón de que el dogma de la iglesia era al mismo tiempo axioma político y los textos sagrados tenían fuerza de ley en los tribunales. La misma jurisprudencia que se creó como oficio independiente, permaneció bajo la tutela de la teología, por lo que la lucha por el Derecho debió tomar la forma de un conflicto teológico. Por esa razón, todo ataque contra el feudalismo debía dirigirse contra la iglesia y todas las doctrinas revolucionarias, sociales o políticas, debieron ser, en primer lugar, herejías teológicas. Estar en contra de la "herejía" era, contradictoriamente, estar a favor de los poderosos.

Pero no hubo solo una clase de herejía. Debió distinguirse entre las *herejías de las ciudades* y las *herejías de los plebeyos y campesinos*.

La **herejía de las ciudades** se dirigía principalmente contra los curas, atacándolos por su riqueza y su influencia política. Veía en la evolución de la iglesia una degeneración. Exigía la *restauración* del cristianismo primitivo con un aparato eclesiástico simplificado y la supresión del sacerdocio profesional. Esta sustitución habría acabado con los monjes, los prelados, la curia romana, en una palabra, con todo lo que la iglesia tenía de costoso. En sus ataques contra el papado, expresaron la idea de que la *República* es la forma normal de la dominación burguesa. Arnaldo de Brescia en Italia y Lutero en Alemania, los albigenses en el sur de Francia, John Wycliffe en Inglaterra, John Hus y los calixtinos en Bohemia, fueron los principales representantes de esta tendencia[13].

La **herejía de los plebeyos y campesinos** tenía un carácter muy diferente. Hacía suya todas las reivindicaciones de la herejía burguesa que se referían a los curas, al papado y a la restauración de la iglesia primitiva, pero al mismo tiempo iba mucho más allá. Pedía la instauración de la *igualdad cristiana* entre los miembros de la comunidad y su reconocimiento como norma para la sociedad entera. La igualdad de los hijos de Dios debía traducirse por la igualdad de los ciudadanos y hasta por la de sus haciendas. La nobleza debía ponerse al mismo nivel que los campesinos, los patricios y burgueses privilegiados al mismo nivel de los plebeyos. Pedían la supresión de los servicios personales, censos, tributos, privilegios, la nivelación de las diferencias más escandalosas en la propiedad. Se trataba de ser consecuente con la doctrina cristiana y su ideal de libertad e igualdad.

Este tipo de "herejía" tuvo su expresión religiosa en la exaltación de *sectas místicas* como los flagelantes y los Lolardos.

Los flagelantes fueron grupos dirigidos por humildes sacerdotes, masas de hombres y mujeres, generalmente jóvenes, que marchaban en procesión noche y día con estandartes y velas encendidas por la campaña y de ciudad en ciudad. Cada vez que llegaban a una se formaban en grupos delante de la iglesia y se azotaban cruelmente durante ho-

---

[13] Haakonssen, Knud. "Republicanism." En Robert E. Goodin and Philip Pettit. (eds.) *A Companion to Contemporary Political Philosophy*. Cambridge: Blackwell, 1995.

ras. Suponían que con ello iban a obtener el perdón divino y a conquistar la salvación eterna fuera del rito oficial de la iglesia católica; seguían el espíritu de renovación que debía dar inicio a la nueva edad del Espíritu.

Los orígenes del movimiento Lolardo o wyclifista se encuentra en las enseñanzas de John Wyclif (de ahí el nombre de esta corriente), un teólogo prominente de la Universidad de Oxford hacia 1350. Entre las principales doctrinas de los *Lolardos* estaba aquella que propugnaba que la *devoción* era un requerimiento para que un sacerdote fuera de "verdad" un sacerdote o para que administrara debidamente los sacramentos, y además la que afirmaba que el laico devoto tenía la facultad de ejecutar los mismos ritos y funciones, pues el poder religioso y la autoridad resultaban de la devoción y no de la jerarquía eclesiástica. Enseñaban que la Iglesia cristiana era la "Iglesia de los salvados", queriendo dar a entender que la verdadera Iglesia de Cristo estaba constituida por la comunidad de los fieles, que tenía mucho en común con la Iglesia oficial, pero que no era lo mismo. Enseñaban además una cierta forma de predestinación. Buscaban también eliminar las leyes que limitaban el salario de los campesinos y se llegaron a asaltar posesiones nobiliarias e iglesias, a las que se achacaba el mantenimiento de una estructura social concreta. Abogaban por la pobreza apostólica y la tasación de las propiedades de la Iglesia. Negaban la doctrina romana de la transubstanciación, favoreciendo por ello la doctrina de la consubstanciación en la Eucaristía.

Los Lolardos querían suprimir el celibato de los sacerdotes, la confesión auricular y las guerras que servían a los reyes para enriquecerse y despojar a los pobres.

La *esperanza milenial* se convirtió en el acicate y en la visión que les permitía imaginarse un horizonte nuevo de bienestar y felicidad terrenales.

El escenario político estaba claramente dividido.

En el campo político **conservador** se juntaron todos los elementos interesados en la conservación del orden existente, es decir, el poder imperial, los príncipes eclesiásticos y parte de los seculares, los nobles ricos, los prelados y los patricios de las ciudades.

Por otro lado, estaba la Reforma Luterana **burguesa y moderada** que agrupó a los elementos pudientes de la oposición, la masa de la pequeña nobleza, la burguesía y hasta una parte de los príncipes seculares que querían enriquecerse incautándose los bienes del clero y aprovechar esta oportunidad para lograr una mayor independencia frente al poder imperial.

Este cambio en Lutero se produjo entre 1517 y 1525, cuando tuvo que enfrentarse a los campesinos a quienes vio como el demonio mismo. En su primera época, Lutero fue un revolucionario y procuraba un cambio radical. Refiriéndose a la curia romana señalaba fervorosamente:

> "Si su furia debiese seguir, me parece sería el mejor consejo y remedio atajarla por la violencia, armándose reyes y príncipes para atacar a esta gente dañosa (los curas romanos) que al mundo entero envenena, y acabar con ella por las armas, no con palabras. ¿No castigamos a los ladrones con espada, a los asesinos con garrote, a los herejes con el fuego? ¿Por qué no atacamos pues a estos maestros de perdición cual son los papas, cardenales, obispos y toda la gentuza de la Sodoma Romana? ¿Por qué no los atacamos con toda clase de armas y lavamos nuestras manos en su sangre?" [14]

Para él era natural proceder con violencia contra todo aquello que a su juicio estaba en contra de Dios, fuera quien fuera. Más tarde esta misma furia la desataría contra el pueblo mismo de quien se decía defensor.

Los **campesinos y plebeyos** formaron la facción **revolucionaria** y su portavoz más ferviente fue Thomas Münzer.

---

[14] F. Engels *La guerra de los campesinos en Alemania*, Ediciones Políticas, Editorial de Ciencias Sociales, La Habana, 1974: Cap. II tomado de *Marxists Internet Archive, junio de 2011*: http://www.marxists.org/espanol/m-e/1850s/guerracamp/02.htm

Lamentablemente muy pronto el movimiento sería abatido por la conspiración luterana. Burgueses y príncipes, nobles y curas, Lutero y el Papa se aliaron contra los campesinos a quienes Lutero llamó "*las bandas asesinas de campesinos ladrones*". De ellos dijo lo que diría de la Sodoma romana:

> "Hay que despedazarlos, degollarlos y apuñalarlos, en secreto y en público; ¡y a los que puedan que los maten como se mata a un perro rabioso! (...) Por eso queridos señores --gritaba Lutero-- oídme y matad, degolladlos sin piedad; ¡y aunque muráis! cuán dichosos seréis! pues jamás podríais recibir una más feliz muerte". Nada de falsa piedad con los campesinos. "Son como los insurgentes los que de ellos se apiaden, porque Dios no les tiene misericordia sino antes quiere verlos castigados y perdidos". Luego añadió: Los mismos campesinos darán gracias al Señor cuando tengan que entregar una vaca para poder disfrutar en paz de la que les queda; por esta rebeldía los príncipes conocerán el espíritu de la plebe a la que no pueden gobernar sino por la violencia. "Dice el sabio al asno, la cebada, la carga y el zote (*Cibus, onus et virgam asino*), al campesino corresponde paja de avena; si son insensatos y no quieren obedecer a la palabra que obedezcan a la "virga", al arcabuz, y será para el bien de ellos. Deberíamos rezar para que obedezcan; y si no, nada de conmiseración. Dejad que les hablen los arcabuces si no será mil veces peor" [15]

La Reforma Luterana o en general la Reforma Oficial del siglo XVI no fue, finalmente, un movimiento de los laicos, sino de los sacerdotes; no fue un movimiento de los pobres y campesinos, sino de los nobles y de los príncipes que influyeron con su autoridad para apoyarlo.

¿Qué relación puede establecerse, entonces, entre los pentecostalismos, o los sectores postergados de la sociedad urbana o rural, con las Reformas del Siglo XVI?

---

[15] Ibid.

La relación más directa puede establecerse por el contrario con los diversos movimientos de la Reforma Radical, signada entre otras por el *movimiento Hussita* (1419-1421), el *movimiento Münzerita* (1525) o el *Movimiento Anabaptista* de la ciudad de Münster (1534-1535) y otras muchas ciudades.

El *movimiento husita* o Iglesia husita (o quizá ussiti) se define la pertenencia a un movimiento reformador y revolucionario surgido en Bohemia en el siglo XV. El nombre procede del teólogo bohemio Jan Hus. Los husitas se dividieron en dos grupos: los *moderados utraquistas* y los *radicales taboritas* (de la ciudad de Tábor en Bohemia del Sur)[16] En 1420, después de la muerte del rey Wenceslao, lograron ponerse de acuerdo en un programa común: los *Artículos de Praga*, en el que exigían al poder real el reconocimiento de:

1. La comunión bajo las dos especies (los comulgantes debían comer la hostia y beber el vino),
2. La libertad de predicación,
3. La pobreza de los eclesiásticos, y
4. El castigo de los pecados mortales por igual, sin distinciones de rango social o nacimiento del pecador.

El *movimiento Müntzerita*, fue liderado por Thomas Müntzer (Stolberg (Harz), Sajonia-Anhalt, 1489-Mühlhausen, Turingia, 27 de mayo de 1525). Müntzer fue un predicador alemán partidario de la Reforma, defensor del anabaptismo y líder revolucionario de los campesinos, como señaló Engels en su libro sobre la guerra de los campesinos alemanes[17]. Se propuso lograr el advenimiento del Reino de Dios impulsando una vigorosa reforma social. Contemporáneo de Lutero e inicialmente su seguidor, mantuvo con él una extremada polémica política y teológica, como veremos

El nombre anabaptista (del prefijo griego *aná-*, 'saltar, omitir', y el griego *baptisma* 'sumergir, el que bautiza') se refiere a "rebautizar" o

---

[16] Williams, George Huntson. *La Reforma Radical*. México: Fondo de Cultura Económica. 1983: 238

[17] Engels, Federico. *Las Guerras Campesina en Alemania*. Cali, Colombia: Ed. Andreus, 1979.

"bautizar de nuevo" invalidando el bautismo anterior. Dicho nombre les fue impuesto a los anabaptistas por sus detractores, pues los anabaptistas consideran inválido el bautismo infantil[18].

Los anabaptistas abogan por el bautismo de creyentes adultos (de acuerdo con su interpretación de Marcos 16:16) pues, por una parte, consideran que los niños son salvos (según Mateo 18:2-4) y, por otra parte, consideran el bautismo como símbolo de fe, la cual no manifiesta un bebé. Se debe tener uso de razón para ser bautizado.

II. LA REFORMA RADICAL

Los llamados *reformadores radicales*[19], sostuvieron que la reforma emprendida por Lutero y Zwinglio, tenía que ser mucho más radical y completa de lo que estaba resultando en los países donde triunfaba. Había que volver, según ellos, al cristianismo primitivo, desprendiéndose de todo aquello que no tuviese apoyo en las Sagradas Escrituras[20].

Según ellos, la iglesia no podía ser confundida ni identificada con el Estado. El *Corpus Cristianum* era, por eso, una fuente de corrupción; tenía que estar compuesto por personas convertidas, con experiencia religiosa y vida espiritual personal, y no por todos los habitantes de un país, región o comarca. Se debía entrar en la Iglesia no por nacimiento en una familia cristiana, sino por *conversión* o renacimiento, y sus componentes debían hacer *profesión de fe* en Cristo y recibir el *bautismo* como señal exterior de esa identificación con el pueblo de Dios. En consecuencia, negaban la validez del bautismo recibido en la infancia y lo administraban a los adultos creyentes. En razón de ello, como para el público esto era un segundo bautismo, se les dio el

---

[18] *Ibid*: 145-205.
[19] Sobre la guerras campesinas y anabaptistas Cf. Driver, Juan. *La Fe en la Periferia de la Historia. Una Historia del pueblo cristiano desde la perspectiva de los movimientos de restauración y reforma radical*. Guatemala: Eds. Clara-Semilla, 1977: 161-166
[20] Juan C. Varetto, *La Reforma Religiosa del siglo XVI*. Bs. As: Junta Bautista de Publicaciones, 1959: 188

nombre de "Anabaptistas" que significaba "rebautizadores", como hemos dicho. Después de 1540, los anabaptistas que sobrevivieron tuvieron que expresar formalmente su distancia con el Münzerismo. Así que por rechazar la violencia se les denominó "**menonitas**" en honor a la postura pacifista de Menno Simons.

Luego de un gran movimiento de reformas sangrientas y del martirio de muchos reformadores radicales, era natural que el péndulo se inclinara al lado contrario y surgiera una tendencia histórica de resistencia más bien pacífica.

Desde entonces se conoce a todos los disidentes del catolicismo y del protestantismo oficial, como "anabaptistas". Y se incluye bajo esta denominación a diversas tendencias y modos de vivir el "**Cristianismo del Espíritu**". Tal denominación, sin embargo, es insuficiente porque la disidencia religiosa, mal conocida como "entusiasta", "exaltada", y "herética" o "sectaria", fue muy diversa.

Por la brevedad de esta presentación y por el perfil de mi exposición me voy a referir únicamente a la figura más destacada de la reforma radical: **Thomas Müntzer.**

Müntzer nació en la montaña de Harz, hacia el año 1498. Parece que su padre murió ahorcado víctima de la arbitrariedad de los condes de Stolberg. A la edad de 15 años, siendo alumno de la escuela de Halle, fundó una liga secreta contra el arzobispo de Magdeburgo y la iglesia romana en general. Su erudición teológica le valió pronto el título de doctor y un puesto de capellán en un convento de monjas. Estudiaba especialmente a los místicos medievales y particularmente los escritos milenaristas de Joaquín de Fiore[21].

---

[21] *Joaquín de Fiore*, abad y monje napolitano nacido en Calabria en la Edad Media. Sus seguidores, denominados Joaquinitas, iniciaron un movimiento heterodoxo que proponía una observancia más estricta de la Regla franciscana. Sus ideas sobre la historia nacen de una interpretación mística; ve en sueños un instrumento musical anómalo. Para él la historia de la humanidad es un proceso de desarrollo espiritual, que pasa por tres fases: Edad del Padre, Edad del Hijo, y Edad del Espíritu Santo. En esta concepción hay una plasmación de la Trinidad en el tiempo y cada edad repite los acontecimientos ocurridos en la anterior, siendo casi todos los hechos muy

En las reformas de la época Müntzer veía el juicio de Dios sobre la iglesia degenerada y el mundo corrompido que había descrito Joaquín de Fiore[22]. Sus sermones tuvieron gran acogida entre los campesinos. En 1520 llegó a Zwickáu como primer predicador evangélico[23]. Allí se encontró con **Nicolás Storch** líder de los anabaptistas. Los anabaptistas anunciaban la cercanía del juicio final y el reino milenial. Tenían visiones y practicaban el don de profecía. Tan pronto como entraron en conflicto con el ayuntamiento de **Zwickáu**, los anabaptistas y Müntzer tuvieron que abandonar la ciudad. Müntzer se fue a Praga e intentó contactos con los sobrevivientes del movimiento Hussita y no mucho tiempo después sus predicaciones radicales lo obligaron a dejar la ciudad y trasladarse a Altsted. Aquí empezó a reformar el culto. Suprimió antes que Lutero el uso del latín dejando que se leyese en el culto dominical la Biblia entera, y no solo las epístolas y los evangelios. El pueblo acudía de todas partes y Altsted vino a ser el centro para Turingia entera del movimiento anticlerical popular.

¿Quién era realmente Thomas Münzer? se pregunta Ernst Bloch[24]: ¿Un genio político que no fue entendido por los compañeros de lucha? ¿Un revolucionario mártir, aniquilado por la reacción...? ¿Un psicópata desequilibrado y pervertido, una especie de *"Fhurer d'avant la lettre"* como lo imagina gratuitamente Norman Cohn? [25]

La respuesta de Ernst Bloch fue: Thomas Münzer, fue un *teólogo de la revolución*.

Cuatro características de interpretación de la fe marcan la teología de Münzer como una teología de la revolución, según Bloch:

---

parecidos entre las tres edades. Este autor está formulando la idea de que se puede conocer el futuro, y así poder profetizar el fin del mundo.
[22] Fiore había predicho que de 1130 a 1202 advendría la nueva era de la fraternidad cristiana, y esta sería la era del Espíritu.
[23] Williams, George Huntson. La Reforma Radical. México: Fondo de Cultura Económica. 1983: 66
[24] Erns Bloch, *Thomas Münzer, Teólogo de la Revolución*. Madrid: Ciencia Nueva, 1968.
[25] Norman Cohn, *The pursuit of the millennium*. Oxford University Press, 1970: 252ss. Según Norman Cohn, fue Joaquín de Fiore quien "inventó el sistema profético de mayor influencia en Europa, hasta la aparición del marxismo".

a. *La teología de Münzer se organiza en torno a una reflexión extensa sobre la fe*. La fe es una actitud **total** en la que el hombre moviliza todas sus energías para una acción única en favor de la irrupción ("Durchbruch") del Reino en este mundo.

b. *La totalidad de la fe implica* **una dimensión colectiva y comunitaria**...

c. *Si la fe puede ser entendida como el "entusiasmo de la razón", despertado por el Espíritu Santo en el creyente, sería no obstante un error pensar que Münzer confía en ella ingenuamente*. La fe que surge como un aliciente, que explota de la desesperación, que rompe los círculos viciosos de la desconfianza y del pesimismo, no es una decisión instantánea, del momento. Es una manera de vivir su existencia; un ritmo dado al flujo de nuestra historicidad. *La tercera característica de la fe es, por lo tanto, su* **temporalidad**...

d. La última consecuencia de la interpretación Müntzerita de la fe, es *su necesidad de* **objetivarse**. El reino no es sólo una construcción *total* (para todos), *global* (o totalitaria), *inmediata y urgente*; debe además ser *concreto*.

Que esta teología es una teología de la revolución, se explica por la convergencia de las cuatro características fundamentales: totalidad, globalidad, actualidad y objetividad de la fe, en un común radicalismo[26].

Por eso Ernst Bloch ve en Müntzer un hombre que "supo ver más que los otros reformadores; que una fe sustentada hasta sus últimas consecuencias concretas, implicaba la sublevación de un orden incompatible con sus propias exigencias"

> Frente a la persona, podemos tener varios sentimientos, pero frente a la obra de Müntzer estamos obligados a reinterpretarla

---

[26] citado según Pierre Fürter, *Dialéctica de la esperanza. Una interpretación del pensamiento utópico de Ernst Bloch*. Bs.As: Tierra Nueva-Eds. La Aurora, 1979:254.

con el fin de verificar si *hoy* no es plenamente verdadero y posible lo que *ayer* parecía imposible y contradictorio [27]

Algunas características más resaltantes de "la herejía" campesina

Si tuviésemos que hacer un recuento general de las características más resaltantes de la herejía plebeya y campesina, notaríamos entre otras cosas que:

a. *Los reformadores radicales fueron los primeros en hacer una distinción entre el orden civil y el orden religioso,* cosa que no hizo la Reforma oficial porque entregó el gobierno y dirección de la iglesia a la potestad civil

b. *Exigieron de los miembros de la iglesia una vida santa,* apartada de las costumbres corrompidas del mundo[28]. De ellos, Cornelius, el historiador de la revolución de Münster, dice:

> Estos hombres se presentaban a base de costumbres sencillas, sin lujos, pobres como los apóstoles y modestos en su manera de vestir. Se dirigían preferentemente a los pobres y a los humildes, ya que Dios les enviaba a ellos. Entraban en las cabañas con palabras de paz, hablaban de obras de caridad y de la corrupción del mundo, leían e interpretaban la Sagrada Escritura. Sus discursos eran sencillos y sin arte alguno. Dios, decían, manifiesta a los más pequeños aquellos misterios que esconde a los sabios y a los inteligentes. Pero estos oradores eran confesores y mártires, y la llama que les animaba se hacía manifiesta en el corazón de sus oyentes... A veces bastaban unas horas para echar las bases de una iglesia. Un día un desconocido entra en casa de Franz Striegel, en Weyer, Franconia. Era Hans Hut. Saca un librito de su bolsillo, lee la Palabra de Dios y anuncia el evangelio con tanta fuerza que el dueño de la casa

---

[27] *ibid:* 255
[28] Williams, George Huntson. *La Reforma Radical.* México: Fondo de Cultura Económica. 1983: 84

se hace bautizar con ocho personas más. Marcha aquella noche y sus nuevos bautizados ya no le vieron más [***Précis des Eglises mennonites***] [29]

c. *Eran muy fervientes y activísimos en la propagación del evangelio* y lograron extenderse por toda Europa, aunque sus núcleos más importantes estaban en Suiza, Alemania, Moravia, Tirol y Holanda. A su muerte, por ejemplo, Leonardo Bouwers, pastor holandés muerto en 1578, dejó una lista de más de diez mil personas bautizadas por él.

d. *Se distinguieron por no bautizar niños*, pues a su juicio esta práctica no tenía asidero bíblico. Fue especialmente Balthazar Hubmaier quien, con profunda base bíblica, y la convicción de un convertido, defendió el bautismo de adultos. El Dr. Richard Shaull lo explica así:

> El bautismo de infantes se encontraba en el centro de los dos órdenes, y era el medio por el cual toda persona en el mundo cristiano era incluida en la iglesia. Por lo tanto, la reforma de esta tendría que iniciarse con el rechazo del bautismo de infantes. En su lugar debía estar el bautismo de los adultos que se hubieran convertido a Cristo. Únicamente ellos, comprometidos a vivir como discípulos suyos, debían ser bautizados. Luego el bautismo tendría el mismo significado que en la iglesia primitiva: la afirmación de que una persona había muerto al pecado y andaba en novedad de vida. El bautismo señalaba la entrada a una comunidad que vivía bajo las normas del Reino de Dios y se estructuraba de acuerdo con ello [30]

e. *Tuvieron una clara visión social que propugnaba la liberación de los campesinos*. Pensaban, como karlstad, que "*no debe haber mendigos entre los cristianos*" y los bienes de las órdenes religiosas fueron

---

[29] Citado por Emile G. Léonard, *Historia General del Protestantismo*. Vol. I: *La Reforma*. Madrid: Península, 1967: 190. Léonard en realidad no puede ocultar su rechazo y hasta su desprecio para con todos los movimientos *revivalistas*, disidentes del protestantismo oficial. Allá él, es su problema. Entiendo que debe ser difícil para un viejo protestante entender los nuevos protestantismos.

[30] Richard Shaull, *La Reforma y la Teología de la Liberación*. San José, Costa Rica: DEI, 1993: 93

destinados a una "bolsa común" a beneficio de los pobres[31]. Frente al desarrollo incipiente de un capitalismo banquero y comercial, Jacobo Strauss[32], más cercano a Lutero que a Münzer, rechaza la usura y promueve en base a las Escrituras y especialmente sobre el modelo de Jesús, una ética económica tan importante para la época. Müntzer por su parte no repara en acompañar a los movimientos revolucionarios de su época y de convocar a los príncipes[33] a hacerse ministros de una renovación teocrática de la historia y a los propios campesinos a insurgir.

En su *Carta a los Campesinos* de fines de abril de 1525, dice:

> "...Comenzad a luchar, la lucha del Señor es hora. Evitad que vuestros hermanos hagan escarnio de los testimonios de Dios; de lo contrario se perderán. Todo el país alemán, francés e italiano está en movimiento; el maestro quiere hacer un juego y los malvados tienen que intervenir. Durante la semana de pascua fueron arrasadas dos iglesias en Fulda. Los campesinos de Klegen, en Henau, y los de la Selva Negra están en pie de lucha con una fuerza de unos trescientos mil. Y las huestes son más numerosas a medida que pasa el tiempo. Mi única preocupación es que la gente insensata está dispuesta a celebrar un acuerdo equivocado, porque aún no reconocen el daño. Con que solo hubiera tres de vosotros que, entregados a Dios, sólo buscaran su nombre y honor, no temeríais a cien mil. Adelante, adelante, adelante; es bueno que los malvados se hayan acobardado libremente, como los perros. Estimulad a los hermanos para que se decidan..."[34]

---

[31] J.H.Yoder, *Textos Escogidos de la Reforma Radical*. Bs. As: La Aurora, 1976: 49-50. Cf., además, Walter Klaassen (Editor), *Selecciones Teológicas Anabaptistas*. Scottdale, Pensylvania: Herald Press, (1981) 1985
[32] Obra: "Puntos y artículos de la doctrina cristiana contra la anticristiana usura, por la cual hasta se tranquilizan y se empeñan algunos curas de Eisenach"
[33] Obra: *"Sermón pronunciado ante los príncipes. Exégesis del segundo capítulo del profeta Daniel, predicada en el castillo de Altsted ante los diligentes y amados duques y gobernadores de Sajonia, por Thomas Münzer, siervo de la palabra de Dios"* (Altsted, 1524).
[34] Citado por Yoder, *op. cit*: 124

f. *La teología de los reformadores radicales, aunque no se puede generalizar, era también erudita y abundante.* Los escritos de Hubmaier, por ejemplo, abarcaron diversos campos incluida la **teología especulativa** (libre albedrío), **historia** (resúmenes de la enseñanza de todos los siglos acerca del bautismo), la **ética** (acerca de la espada o violencia) y **eclesiología** campo en que sus obras más numerosas versaron sobre el bautismo, la Santa cena, la catequesis y la disciplina[35].

g. *Los militantes del movimiento fueron creyentes sinceros con una fe viva, dinámica, y una* **espiritualidad milenarista** *capaz de movilizarlos.* Su *milenarismo,* sin embargo, no fue estático y paralizador, pudiéndose decir de él que se trató en rigor de un *mesianismo* --según la tipología de los movimientos religiosos estudiados por María Isaura Pereira de Queirós[36], porque la comunidad fue desafiada por un Mesías.
La visión y esperanza mesiánica pretende alcanzar o construir un paraíso terrestre con sus propias manos o con la fuerza de las armas, aunque su inspiración fuera espiritual.

Precisiones necesarias

Cuatro precisiones y un deslinde me parecen importantes en esta dirección:

1) En *primer lugar*, me parece urgente y necesario señalar que, pese a que la Reforma Protestante fue una, esta fue en conjunto un "movimiento de reformas de diversa índole y motivaciones". Creo que cada quien se siente en parte deudor de una u otra corriente de reforma.

2) En *segundo lugar*, no debemos olvidar las coincidencias históricas entre la Reforma y la Conquista española de América Latina, toda vez que la conquista del Nuevo Mundo toma lugar en el momento que en Europa ocurre el derrumbe de la cosmovisión antigua (quiebra de la

---

[35] J. H. Yoder, *Loc.cit:* 180
[36] Cf. su obra ***O Messianismo no Brasil e no mundo***. Sao Paulo: Dominus, *1966*. La autora distingue entre el *apocalipticismo* que es mayormente estático y el *mesianismo* que es social y políticamente activo.

comprensión aristotélica del mundo) y la ruptura del campo religioso europeo causado por la Reforma Protestante signada por la reacción luterana de 1517. La Reforma y la Conquista son contemporáneas a tal grado que, cuando los apóstoles de la Nueva España desembarcan en San Juan de Ullua (1524), Lutero acababa de comparecer en la dieta de Worms frente al emperador Carlos V y con su respuesta "*No puedo, ni quiero retractarme*" marca el punto de no retorno de lo que ha sido la larga transición de la cultura clerical a la cultura laical a la que Weber ha llamado el 'proceso de des-encantamiento del mundo'

En otras palabras, en América Latina, lo que florecerá y marcará derroteros será la Contra-Reforma Católica-española. Situación ante la cual el único camino alternativo era la "*herejía*", nombre con que se identificó a la presencia reformada en la Nueva España (A.L.) durante tres siglos, de 1521 a 1821.

La herejía luterana la amenazaba desde su interior, material y formalmente difundiendo literatura y adoptando actitudes anticatólicas. Será importante en este sentido estudiar a los heterodoxos o disidentes españoles, y procurar una **Heresiología**[37] descriptiva y no apologética.

3) En *tercer lugar*, cualquier relación de identidad con la Reforma Protestante y sus influencias, no pasa únicamente por lo religioso como afirmación de postulados tales como *Sola scriptura* ("sólo por medio de la Escritura"), *Sola fide* ("sólo por la fe"), *Sola gratia* ("sólo por la gracia"), *Solus Christus* o Solo Cristo ("sólo Cristo" o "sólo a través de Cristo") y *Soli Deo gloria* ("la gloria sólo para Dios"). Tampoco pasa por su corolario de "Sacerdocio Universal de todos los creyentes" o por la determinación de un tipo de Bautismo o la proclama de la inminente Segunda Venida de Cristo, según la otra tradición. En otras palabras, la relación que podamos establecer con la Reforma no

---

[37] **Heresiología** o estudio de las herejías. Cf. Para el caso véase Agustín, "De haeresibus", en *Obras completas de San Agustín*, XXXVIII. Escritos contra los arrianos y otros herejes, ed. y trad. de T. Calvo y J. M. Ozaeta, BAC, Madrid, 1990; También: Mar Marcos, *Herejes en la Historia*. Madrid: Editorial Trotta, S.A., 2009, 2010 (ISBN edición digital epub: 978-84-9879-133-4); A. Le Boulluec, *La notion d'hérésie dans la littérature grecque. IIe-IIIe siècles*, 2 vols., Paris, 1985; H.-D. Altendorf et al., *Orthodoxie et hérésie dans l'Eglise ancienne. Perspectives nouvelles*, Genève/Lausanne/Neuchâtel, 1993

pasa solamente por las creencias religiosas sino por su ligazón con los movimientos de acción social que la explican, la generan y la corrigen.

4) En *cuarto lugar,* la Reforma nos hace recordar que lo que nos une o nos divide no es la diferencia confesional (entre luteranos, calvinistas o presbiterianos, bautistas y pentecostales), sino *entre dominados y dominadores*, entre el pueblo pobre y creyente y la clase poderosa. Nuestra sub condición de "beneficiarios" del neoliberalismo salvaje y descarado, nos pone por igual a luteranos y pentecostales, Valdenses, menonitas y metodistas, incluso católicos, en una nueva condición de "hermandad" y nos obliga a negociar y a establecer alianzas entre confesiones teológicamente irreconciliables, pero social y económicamente coincidentes.

Co el propósito de sacar lecciones para nuestra vida presente, el deslinde que propongo, pasa por la siguiente pregunta:

¿Cuál fue, finalmente, el papel histórico jugado por la Reforma Oficial y cuál el de la Reforma Radical?

Como factor de transformación histórica, *la Reforma Oficial* fue:

a. Un **movimiento anti-eclesiástico** con grandes consecuencias sociales.

b. Un **Programa anti-feudal**, fruto de las transformaciones sociales en Europa que culminaron a fines del siglo XV y comienzos del XVI, debido a la irrupción de la burguesía en el escenario histórico, y, a su empeño por lograr influencia en la sociedad.

c. La **ideología revolucionaria** de la burguesía entonces naciente"[38]

Aunque "en sus comienzos la Reforma avivó el movimiento revolucionario popular, sobre todo en Alemania, la ideología de la Reforma

---

[38] Jonacek, Josef, *La Reforma Protestante* Argentina: Cartago, 1966.

pronto se separó de los movimientos revolucionarios populares, para servir de instrumento ideológico y sostén de la burguesía"[39] Sólo más tarde en la historia, se verá que la *ética protestante* no podría crear las condiciones suficientes para verdaderas transformaciones sociales y económicas. Por el contrario, tendrá que adaptarse a ellas. Me refiero al Capitalismo, el cual "una vez maduro dejará las muletas de la ética protestante, como señala Weber, y se hará independiente[40].

Se puede resumir la importancia de la Reforma oficial de la siguiente manera:

- Aceleró la desintegración de la iglesia medieval en lo que tenía de aparato de consenso
- Impulsó la liquidación de sus bienes y de su poder económico en la mayor parte de Europa,
- Trastornó seriamente el dominio ideológico de la Iglesia Católica,
- Resquebrajó el apoyo que la doctrina eclesiástica prestaba al régimen feudal;
- Impulsó la creación de las Iglesias nacionales.
- Ayudó a la consolidación de los Estados Nacionales.
- Despertó o aceleró las luchas políticas que provocaron grandes transformaciones en la situación económica y política de Europa.

La *Reforma Radical*, en cambio,

- Puso al descubierto las posiciones terceristas y las verdaderas intenciones de los que anhelaban el poder, cualquiera fuese su fin último, aún la propia reforma de la iglesia.
- Demostró que los desposeídos de la historia pueden, si se organizan, hacer frente al Leviatán y hacerlo tambalear, aunque sea por un momento.
- Hizo posible una reforma más profunda de la Iglesia, aún a costo de muchas vidas y de muchas desviaciones o exageraciones doctrinales.
- Demostró que en tiempos de represión o de falta de libertad para

---

[39] *Ibidem*.
[40] Max Weber, *La Ética Protestante y el Espíritu del Capitalismo.* México: ³1996, Cf. especialmente II La relación entre el ascetismo y el espíritu capitalista: 97-115

expresarse socialmente y desarrollarse como personas, la religión --o más particularmente, la escatología apocalíptica- es capaz --pese a todo pronóstico, y aún contra la propia sociología de la religión-- de constituirse en el eje ideológico, articulador de un movimiento de transformación y reivindicaciones sociales de los desposeídos.

• Permitió un crecimiento acelerado de la Iglesia, con la adhesión de personas de todas las clases sociales, toda vez que su convocatoria se basó en el evangelio de justicia y de paz, en términos de la shalom hebrea: un orden nuevo, justo, igualitario, comunitario, inmediato y necesario.

• Mostró que era necesario una separación de la Iglesia y el Estado [*Corpus Cristianum*], en bien de la propia cristiandad y del desarrollo de los pueblos.

• Benefició, en lo inmediato, a los príncipes y a la pequeña burguesía urbana (incluidos los clérigos) y dejó para la historia la lección que, si bien la justicia triunfa, es necesario una justicia mayor en la que queden satisfechos las necesidades de los pobres. Se da así una escatología dinámica, en la que el futuro mundo de justicia siempre desafía a la fidelidad de Dios.

Christian Lalive d' Epinay, tras estudiar el comportamiento pentecostal, en un régimen por el socialismo, encontró que era posible una mutación del milenarismo, siempre que se dieran las condiciones sociales para ello[41].

Por otra parte, la experiencia centroamericana de los 80, y la reciente avalancha de participación política de los evangélicos en América latina, ha demostrado también que el apoliticismo tradicional ["huelga social"] de los evangélicos --entre ellos los pentecostales-- ha sido alterado en condiciones igualmente revolucionarias y anti-revolucionarias. Durante la revolución centroamericana hubieron pentecostales que tomaron las armas. Lo mismo sucedió en Perú durante el endurecimiento de Sendero Luminoso en los años 80. Y ahora, durante el

---

[41] Cf. Christian Lalive d' Epinay "Sociedad Dependiente, clases populares y milenarismo: posibilidades de mutación de una formación religiosa en una sociedad en transición. El Pentecostalismo en Chile", Varios, *Dependencia y Estructura de Clases en América Latina* (Trad. del francés). Argentina: Megápolis, 1975: 271-289

neo-liberalismo, hay pentecostales que asumen posturas políticas radicales y hasta temerarias, en contra de los pobres del país, mientras que otros -más bien pocos- adoptan posturas transformadoras y trabajan por cambios de larga duración.

Mi última pregunta, sin embargo, y un poco para distensionarnos, es si veremos en el cielo finalmente a Lutero y a Münzer juntos. En cualquiera de los casos, mucho anhelaría una compensación histórica por la matanza de miles y miles de campesinos[42]. Mientras tanto, me conformo con que, aquí en la tierra, nos perdonemos metodistas, valdenses, luteranos, presbiterianos, anglicanos y pentecostales. Si así no fuera, me consuelan las palabras del apóstol San Juan, que dice de ellos:

> *"Cuando abrió el quinto sello, vi bajo el altar las almas de los que habían sido muertos por causa de la Palabra de Dios y por el testimonio que tenían. Y clamaban a gran voz diciendo: ¿**Hasta cuándo, ¿Señor, santo y verdadero, no juzgas y vengas nuestra sangre en los que moran en la tierra?** Y se les dieron vestiduras blancas, y se les dijo que descansasen todavía un poco de tiempo, hasta que se completara el número de sus consiervos y sus hermanos, que también habían de ser muertos como ellos..." (Apocalipsis 6: 9-11)*

Más adelante, dice:

> *"Y vi tronos, y se sentaron sobre ellos los que recibieron facultad de juzgar; y vi las almas de los decapitados por causa del testimonio de Jesús y por la Palabra de Dios, los que no han adorado a la bestia ni a su imagen, y que no recibieron la marca en sus frentes ni en sus manos; **y vivieron y reinaron con Cristo mil años**..." (Apocalipsis 20: 4)*

---

[42] Engels estimaba que eran al menos 15,000 campesinos. Los historiadores actuales, con acceso a mayores fuentes, estiman que la guerra de los campesinos dejó un saldo de entre 100,000 y 130,000 víctimas entre los sublevados.

CAPITULO II
LA FUNCION SOCIAL DE LOS PENTECOSTALISMOS EN AMERICA LATINA

El presente capítulo presenta cinco hipótesis sociológicas sobre la identidad y función de los pentecostalismos en los procesos sociales de cambio. Cinco hipótesis que procuran explicar el fenómeno pentecostal en relación con la marginalidad y el cambio social. Discute también la función de las iglesias y de las disidencias religiosas, como funciones diferentes, sugiriendo una necesaria división del trabajo religioso en América Latina.
El problema fundamental que dirige nuestra búsqueda sociológica es, a saber:
¿Cómo favorece o impide el pentecostalismo, en tanto religión popular, el desarrollo social, dadas las condiciones socio-históricas del continente?

En la imposibilidad de referirme con propiedad a la situación uruguaya, me limitaré a presentar la función de los pentecostalismos en América Latina, en una perspectiva general.

Soy consciente de que fácilmente podemos caer en una generalización abusiva, pero conocedores del hecho que los latinoamericanos estamos unidos por el mismo mal de ser países dependientes del actual sistema socio-económico, confío en que se entenderá.

Para ser objetivo, me valdré, de la experiencia pentecostal peruana para ilustrar mi discurso sobre lo Pentecostal. La ventaja es que, aun reconociendo la variedad de los pentecostalismos, sabemos que esencialmente tienen las mismas propiedades en los distintos contextos nacionales o internacionales. Las formas de organización varían, pero el sistema ritual y de creencias tienen por lo general rasgos comunes.

I. EL MARCO SOCIOLOGICO DE LA PRESENTE DISCUSION

La respuesta religiosa a la problemática social

El tema de las relaciones posibles entre religión y sociedad constituye uno de los problemas fundamentales para las ciencias sociales y políticas y para las ciencias de la religión. Es a partir de este eje de relaciones que es posible ubicar tendencias y escuelas de interpretación, así como realizar un despliegue de metodologías y marcos teóricos para explicar las múltiples y complejas prácticas religiosas, entre las cuales se encuentra la de *los pentecostalismos*.

De un tema tan amplio y complejo como este, resulta de particular interés la cuestión acerca de *cómo contribuye la Religión -y en particular las Religiones Populares- al cambio social*.

Se trata, pues, de saber si una religión determinada, o un particular modo de hacer religión, además de responder, como es natural, a las demandas o intereses religiosos de la población con "bienes simbólicos de salvación", puede contribuir también a responder efectiva y eficazmente a las necesidades e intereses **sociales** de la misma población, como responder, por ejemplo, a las necesidades "realmente reales" de los sectores populares.

No se trata solamente de verificar las formas, direcciones o ambigüedades de la respuesta religiosa a determinados problemas sociales, como podría ser la de facilitar o impedir el cambio social, sino de dilucidar, además de los condicionantes externos, si hay **en** el sistema religioso en cuestión, en sus doctrinas, en sus prácticas, en su organización y normas éticas, elementos que permitan orientarla durante una coyuntura social determinada, en una dirección específica. O que permitan, por lo menos, discernir *cuándo* y *bajo qué condiciones religioso-culturales* la religión popular ha de ejercer una función atestataria, contestataria o protestataria (Desroche), y no esté librada al azar de su *ambigüedad* [43] o indefinición en lo socio-político como se le

---

[43] Paul Tillich, trabaja precisa y positivamente la ambigüedad de la religión. Una formulación de sus consecuencias para la transformación de la cultura puede verse

reconoce tradicionalmente a toda religión.

La respuesta religiosa a la problemática social ha de ser, probablemente, de diverso orden y de diverso grado de eficacia. Ello dependerá a mi juicio de 3 factores básicos:

1. De las condiciones sociales externas que la favorezcan
2. De la identidad y función que asuma la comunidad religiosa en el complejo espectro del Campo Religioso[44] del que es integrante, y,
3. De la posición y capacidad de conducción que ocupe en él, en el estado actual de una configuración hegemónica (Gramsci) como la promovida por el catolicismo romano en el Perú y América Latina.

La complejidad del Campo Religioso Latinoamericano

La configuración del Campo Religioso Latinoamericano (CRL) puede ser ilustrativo para determinar hasta dónde es posible que los pentecostalismos sean vistos como parte de una religión popular. Para ello es necesario ubicar a los diversos actores sociales que conforman el Campo Religioso Latinoamericano.

En su aspecto teórico, según C. Rodrigues Brandao, el Campo Religioso es entendido como "el espacio en el que el conjunto de actores e instituciones religiosas producen, reproducen y distribuyen bienes simbólicos de salvación". La dinámica propia del Campo Religioso se debe a la demanda objetiva de bienes simbólicos de salvación por los que han sido desposeídos por los clérigos de la producción y del control de aquellos bienes: los laicos. En ese sentido, la demanda y la oferta correspondiente, siempre responde a los intereses de clase de los laicos, intereses que se expresan en lo religioso por demandas de legitimación, de compensación y de protesta simbólica[45]

---

en su *Teología Sistemática III: La Vida y El Espíritu. La Historia y El Reino de Dios,* Salamanca: Sígueme, 1984: 216.
[44] Cf. Pierre Bourdieu, " Genèse et structure du champ religieux", *Revue Françoise de Sociologie.* XII, 1971:295-334.
[45] Carlos Rodrigues Brandao. "*Religión, Campo Religioso y Relación entre Religión Erudita y Religión del Pueblo*" (mimeografiado). Brasil. S/F.

De acuerdo con François Houtart, el Campo Religioso puede ser visto simplemente como "la porción del espacio social constituido por el conjunto de instituciones y actores religiosos en interacción"[46]

El siguiente **cuadro** muestra las interrelaciones que se dan en el campo religioso según Pierre Bourdieu:

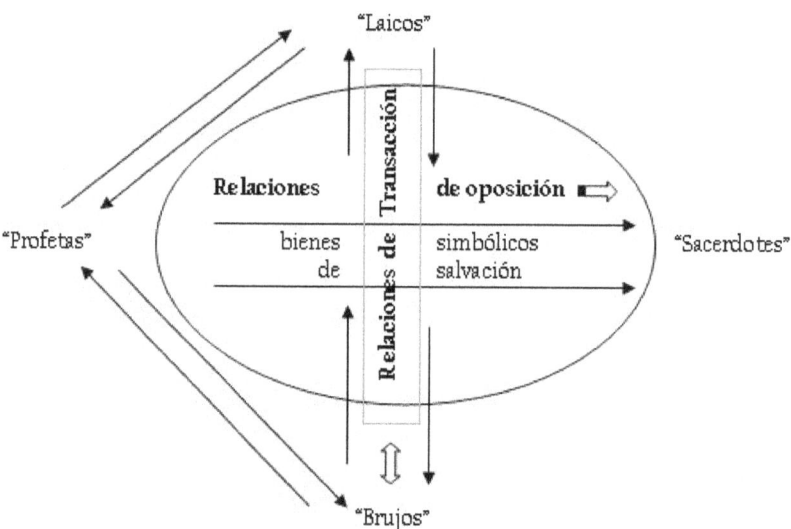

En el caso del campo religioso: lo sagrado está marcado por eventos sobrenaturales y el intercambio de bienes *simbólicos de salvación*, manteniendo relaciones de transacción u oposición con los otros campos de la realidad social: el campo económico, el campo político, el campo social, el campo médico, etc.

---

[46] Cf. François Houtart, *Sociologie de l Eglise comme institution*. Lovaina: 1973: 5

TABLA 1: PRINCIPALES ACTORES DEL CAMPO RELIGIOSO

La lista no es exhaustiva y **no** está elaborada en función del concepto de verdad de cada uno de ellos o de sus teorías de salvación, sino en base a la composición y orientación socio-religiosa de los grupos en cuestión.

LAS RELIGIONES ABORÍGENES que sobreviven bajo formas cristianas y autóctonas
a. *Los sincretismos aborígenes* (mezcla de cristianismo con religión autóctona) algunos más identificados con el cristianismo y otros menos y por lo mismo más independientes
b. *Las* religiones *aborígenes* **autónomas con voluntad de separación del cristianismo**. Aunque todavía oscilantes, por no haber podido reconstruir la religiosidad andina anterior, están por definirse preferiblemente como no cristianas

EL CATOLICISMO ROMANO
c. **El Catolicismo Romano Formal** en sus tres vertientes: el catolicismo de cristiandad (tradicional y cultural), el catolicismo de Nueva Cristiandad (vertiente modernizadora y de promoción social) y el Catolicismo Popular y los Carismáticos católicos.
d. **El Catolicismo Romano Carismático** (Vertientes del catolicismo romano con experiencia carismática, practican rituales de sanación, glossolalia, y exponen una renovación litúrgica muy parecida a la de los pentecostales clásicos)

EL PROTESTANTISMO
e. **El Protestantismo Histórico Tradicional**, más ligado a la tradición de la Reforma Protestante oficial del siglo XVI en Europa y desarrollado en los países del Sur de América Latina, especialmente en Argentina, Brasil, Chile y algunos países del Caribe (Anglicanos, Luteranos, Reformados, Metodistas, Presbiterianos, Congregacionales, Valdenses, Discípulos de Cristo, Wesleyanos).

f. El Protestantismo Histórico Carismático (algunos protestantes históricos Renovados con influencias y prácticas carismáticas: Metodistas Pentecostales, Reformados pentecostales, luteranos pentecostales, etc.).

g. El Protestantismo "denominacional" o de Misión, en directa relación organizativa e ideológica con las agencias misioneras de tradición pietista de origen fundamentalmente norteamericano (Entre ellos Bautistas, Nazarenos, Wesleyanos, Ejército de Salvación, Peregrinos, Iglesias de Cristo, Iglesia de los Hermanos)

h. Protestantismos de Misión Renovados (Bautistas pentecostales, Nazarenos pentecostales, Hermanos Pentecostales, etc.)

LOS ORTODOXOS

i. Los Ortodoxos (griegos, rusos, coptos, asentados en algunos países de América Latina) y con algunos matices, los **Ortodoxos carismáticos**, que los hay.

LOS PENTECOSTALES

j. El Pentecostalismo Protestante (Clásico o Tradicional) con dos tendencias básicas: 1) el *pentecostalismo de expansión* internacional, con fuerte influencia del fundamentalismo norteamericano, presentes en América Latina; 2) el *Pentecostalismo de raigambre nacional*, en abierta diferenciación con el fundamentalismo americano. (Citamos solo algunas vertientes pentecostales: Asambleas de Dios, Pentecostales Nacionales que toman el nombre de sus países como Pentecostal de Chile, pentecostal del Perú, Pentecostal de Cuba, etc.; Pentecostales con variedad de nombres según países e Independientes; Iglesias del nombre de Jesús, Apostólica de la Fe en Cristo Jesús, Cuadrangular del Evangelio Completo, Pentecostal Misionera, etc. Congregación Cristiana del Brasil y otros países.

k. Neo-Pentecostales Ínter confesionales más cercanos al catolicismo, algún protestantismo y a otras tradiciones de Fe que al protestantismo evangélico.

l.	Los "movimientos de cura divina" [47] o también llamados *iso-pentecostalismos* por estar en sintonía con el pentecostalismo pero que parecen tener otra naturaleza, y sin embargo están inspirados en la Fe cristiana (Entre los neo-pentecostales protestantes están una variedad de "comunidades cristianas" de distinta denominación y, con las reservas del caso, otros movimientos como la Iglesia Universal del Reino de Dios, la Iglesia Dios es Amor de origen brasilero, Iglesia la luz del Mundo de origen mexicano, etc. reconocidos como pentecostales)

LOS NUEVOS MOVIMIENTOS RELIGIOSOS (NMR) o "NRM" (del inglés New Religious Movement)	
m.	Las *religiones mediúmicas*, tales como el espiritismo, y ciertas prácticas mágico-religiosas más afines al chamanismo aborigen
n.	Las *religiones mesiánicas* entre las que hay que diferenciar las de rostro religioso y las de rostro más bien político (como la de ciertos grupos subversivos)
o.	Las *prácticas esotéricas* de cuño más bien escolástico y filosófico de origen oriental y occidental.

En el espacio de la formación social latinoamericana, hay que preguntarse entre otras cosas:

¿Quiénes son los **laicos** en el complejo Campo Religioso Latinoamericano? ¿Cómo está cifrada --en términos concretos-- la oferta y demanda de los bienes simbólicos de salvación y en qué dirección política están situados los "sacerdotes", "profetas" y "brujos" respecto de los "laicos" en medio de los procesos sociales? Todas éstas son preguntas que subyacen al análisis de la identidad y función de las religiones populares.

El Campo religioso latinoamericano estaría constituido así:

---

[47] Nombre este último acuñado por Antonio Gouvea Mendonça, sociólogo presbiteriano del Brasil

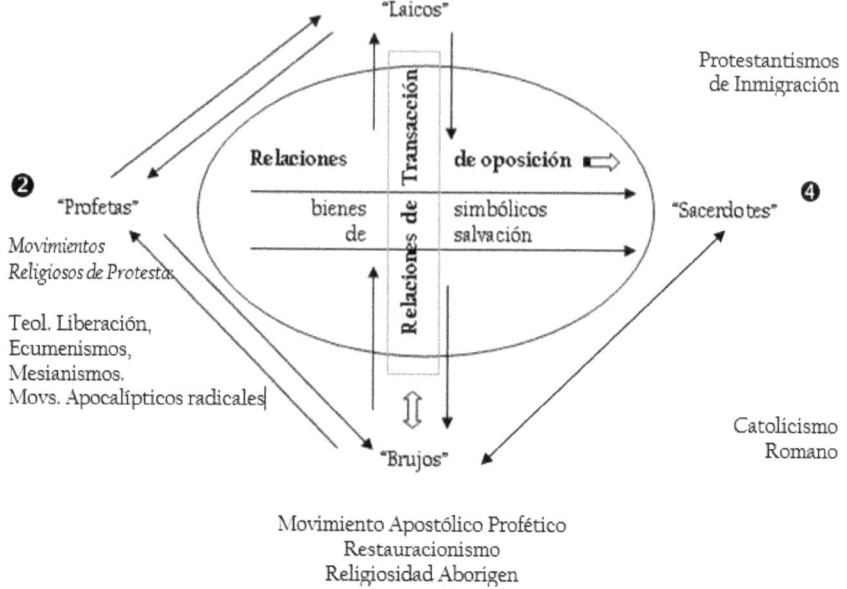

Importancia de ubicar los pentecostalismos en la compleja trama de la laicidad.

En el complejo y conflictivo CRL, el estudio de los pentecostalismos ocupa un lugar de importancia, por las siguientes razones:

Primero, porque en su actual estado constituye "una instancia religiosa en proceso de mutación" y, como tal, refleja muy bien los procesos de cambio social a los que queremos referirnos. En el caso peruano, el pentecostalismo tiene ya una trayectoria de 98 años (1919-2017) y hace posible, por lo menos, un análisis deductivo en relación con la presencia protestante en el Perú con 195 años de existencia, frente al catolicismo que lleva ya más de 486 años en el país[48].

---

[48] Oficialmente se cuenta su asentamiento en el Perú desde el *III Concilio Limense* (1531) Cf. M. Marzal, *La Transformación Religiosa Peruana*. Lima: PUCP, 1983: 57ss.

Segundo, porque en diversos países de América Latina, el pentecostalismo se ha convertido en una alternativa socio-religiosa frente a un eventual resquebrajamiento del orden religioso y político establecido. El pentecostalismo, con casi un centenario de vida, ha significado la posibilidad de construcción de una identidad popular por mediación de lo religioso.

Por su constitución laica, el pentecostalismo ha sido, en muchos casos, medio de legitimación, compensación y protesta simbólica de la subjetividad popular.

Será provechoso, en este sentido, establecer una comparación entre la religión pentecostal y la religión protestante y católica en cuanto a sus funciones y vocaciones, en un país que, pese a las nuevas iniciativas económicas, está marcado todavía por la injusticia social y por la falta de articulación de los diversos sujetos sociales en un proyecto nacional que integre la diversidad de intereses y sea representativo de la totalidad de su población.

Tercero, porque es necesario contribuir al conocimiento del complejo CRL, ya que aún no disponemos de estudios científicos sobre la diversidad de los grupos religiosos que hasta ahora son tipificados provisionalmente como "sectas" o "disidencias" religiosas a falta de otras categorías para referirse a ellos con propiedad.

Los pocos estudios sobre los "*mesianismos*" como factor de cambio en la sociedad (así lo es para el caso peruano y brasileño), están todavía en una etapa descriptiva y exploratoria. De manera que sería prematuro formular explicaciones sociológicas sobre el aporte específico de la predisposición mesiánica del pentecostalismo para el cambio social. Los pocos, pero concretos, estudios que se han hecho de los pentecostalismos en Argentina, Brasil, Chile y América Central permiten, por lo menos, acercamientos teóricos y deductivos.

Una presentación de las principales hipótesis interpretativas del pentecostalismo nos pondrá en camino de examinar las posibilidades del pentecostalismos para fungir como "intelectual orgánico" de las organizaciones populares en proceso de mutación y nos ayudará, por otra parte, a sostener un diálogo alturado con quienes intentan ser interlocutores de un movimiento que quiere ser algo más que un simple *fenómeno social*, un *objeto* de observación científica o una amenaza pastoral a otras comunidades religiosas.

II. PRINCIPALES HIPOTESIS INTERPRETATIVAS DE LA RELACION ENTRE PENTECOSTALISMO Y SOCIEDAD

1. Complejidad de la pregunta sociológica fundamental

El problema fundamental que dirige la búsqueda sociológica es, a saber: *¿Cómo favorece o impide el pentecostalismo, en tanto religión popular, el ansiado cambio social para el Desarrollo, dadas las condiciones socio-históricas del continente?*

La sola formulación del problema fundamental incluye una amplia gama de preguntas que, aún sin ser contestadas en detalle, constituyen el *corpus total* del mismo. Puesto que este ensayo tiene un carácter exploratorio, me permito únicamente formularlas. La primera pregunta y, tal vez, la más importante puede formularse en estos términos:

¿Cuál ha sido y cuál es la función de la religión pentecostal en el proceso de la formación social, desde la época en que se implantó en el país[49]?

---

[49] Para otros países Ver: W. Hollenweger, *El Pentecostalismo. Historia y Doctrinas*. Bs. As: La Aurora, 1976; Emile G. Leonard, *O Iluminismo num Protestantismo de Constituição recente*. Brasil: Imprensa Metodista,1988; Beatriz Moniz de Souza, *A Experiencia da Salvação Pentecostais em Sao Paulo*. Brasil: Duas Cidades, 1969; Carmelo Álvarez, *El Protestantismo Latinoamericano. Entre la crisis y el Desafío*. México: CUPSA, 1981; Francisco Cartaxo Rolim, Pentecostais no Brasil. Uma interpretação socio-religiosa. Petrópolis: VOCES, 1985; Antonio Gouvea Mendonça, *O Celeste Porvir. A inserção do Protestantismo no Brasil*. Sao Paulo: Paulinas, 1984; Santiago Aquilino Huamán Pumayalli, *La Primera Historia del Movimiento Pentecostal en el Perú*. (Edición propia del autor) s/f ; Carlos Rodrigues Brandao, *Os deuses do Povo. Um estudo sobre a religiao popular*. Sao Paulo: Brasiliense, 1986; Rubén Zabala, Historia de las Asambleas de Dios del Perú. Lima: Dios es

El pentecostalismo se implanta en el Perú desde 1919 con la llegada de las Asambleas de Dios. De ahí en adelante la mayoría de "Denominaciones" pentecostales son una *disidencia* o una derivación de ésta o bien una simbiosis producto de la "pentecostalización" de alguna iglesia protestante reformada, que en el Perú se las identifica imprecisamente como "iglesias históricas".

Por esa razón, contestarla esa pregunta supondría, en primer lugar, diferenciar por el camino histórico la *función* de la Iglesia ya establecida, de la función que se le asigna generalmente a una nueva religión o a los grupos disidentes. Supondría, en segundo lugar, determinar si el pentecostalismo, además de estar en condición de "disidente" del protestantismo oficial, *implica, refleja o manifiesta*, también la condición de una *disidencia política alternativa* para el cambio social, por mediación de las formas simbólicas de auto-producción social o por la participación "directa" en la vida política nacional.

Una cuestión que tiene que ver con la teoría general de la religión y que subyace a este primer orden de preguntas, deberá esclarecer el problema de si la religión pentecostal, como ha indicado Otto Maduro[50] es a) **producto** de los conflictos sociales; b) **terreno relativamente autónomo** de los conflictos sociales o c) **factor activo** en los conflictos sociales; o si experimenta, interactivamente, estas tres condiciones.

El segundo orden de preguntas proviene del diálogo entre la teología y las ciencias sociales: *¿Qué relación existe --o debiera existir-- entre proyecto religioso de salvación, y proyecto socio-histórico, en el horizonte de la recreación de viejas y nuevas utopías?*

En este orden de cosas se levanta otra serie de preguntas: ¿Quiénes son los sujetos del cambio social y en qué medida participa el pueblo en su promoción y realización? ¿Cuál es el modelo societal a realizar y sustituir al de un viejo régimen? ¿Cuál es la condición de los regímenes actuales, su grado de precariedad y las causas que justificarían

---

Amor, 1989.
[50] Otto Maduro, *Religión y Conflicto Social*. México: Centro de Estudios Ecuménicos-Centro de Reflexión Teológica, 1980.

un cambio estructural, radical o progresivo? ¿Cuál es la tendencia de los actuales procesos políticos que favorecen o impiden la consecución de un verdadero y justo cambio al menor costo social? ¿Cuáles son, --si los hubiera--, los modelos ideales sobre los cuales es posible construir el país?

Pero el denominador común de las investigaciones sobre el pentecostalismo como fenómeno social, ha sido el de comprender su significado como sistema religioso y explicar su **aparición, inserción, presencia y fenomenal crecimiento**, en medio de los procesos sociales nacionales y regionales de América Latina[51].

Tengo la esperanza de que estas preguntas siendo asumidas, corregidas o reformuladas, lograrán responder adecuada e históricamente las posibles relaciones entre religión popular, disidencia religiosa y cambio social, en una determinada formación social, como podría ser la nicaragüense, la guatemalteca o la peruana, para poner algún ejemplo.

En esa búsqueda, los científicos sociales han formulado diversas y significativas *hipótesis* que los pastores y teólogos no podemos ignorar. Presento a continuación algunas de las más perspicaces:

2. Las hipótesis sociológicas sobre el pentecostalismo

Cuando uno pregunta cómo explican los científicos sociales el crecimiento y expansión del pentecostalismo en América Latina, o simplemente *¿QUE ES EL PENTECOSTALISMO?* las respuestas que se formulan académicamente son las siguientes:

a. Una forma de respuesta a la anomia social

El pentecostalismo latinoamericano es una forma de respuesta a

---

[51] David Stoll y David Martin se han ocupado de presentar visiones comprensivas del fenómeno pentecostal en Europa y América Latina. Para el continente véase: D. Stoll, *¿Se vuelve América Latina Protestante? Las Políticas del Crecimiento Evangélico* (Trad. María del Carmen Andrade) Ecuador: Abya-Yala, s/f (original en inglés de 1990). Martin, David. *Tongues of fire*. Oxford: Blackwell, 1990.

la situación de Anomía social producida por el proceso de migración a que dio lugar la incipiente industrialización y urbanización de América Latina Dependiente.

Conocidos investigadores como Emilio Willems, Christian Lalive d Epinay, Prócoro Ferreira Camargo, Bryan Wilson[52], entre otros, llegan a la conclusión de que el pentecostalismo responde a los cambios culturales y estructurales abruptos que resultan de la migración, en la línea de corregir la situación por la integración de sus adeptos al medio urbano. La expansión del pentecostalismo -igual en ese sentido que la del espiritismo y el Umbanda- se aplica, según Willems, en términos de su adaptación funcional a una sociedad y cultura en proceso de cambio [53].

Tanto Willems como Lalive parten de la hipótesis de que los cambios en el sistema de valores y en la estructura tradicional pueden crear condiciones favorables a la aceptación y difusión de los diversos credos protestantes. Desde ese punto de vista, se explica por qué la penetración del protestantismo sólo tuvo lugar tras el debilitamiento de los **controles sociales** y eclesiásticos que, durante 3 siglos, habrían vivido por el monopolio religioso de las monolíticas sociedades de América Latina[54].

El pentecostalismo representaba, entonces como hoy, una alternativa al migrante que, experimentando en cuerpo y alma los efectos angustiantes de la desorganización social y de patrones comportamentales que ha producido la industrialización (anomia social), busca como por ensayo, un grupo en el cual pueda sentir afinidad emocional y reconocimiento personal[55].

---

[52] Emile Willems, *Followers of the* New Faith, Tenn. Vanderbilt University Press, 1967, Christian Lalive d Epinay, El Refugio de las masas. Chile: Pacífico, 1968, y también su *Religion, dynamique sociale et dépendance, les mouvements protestants en Argentine et au Chili*, Paris: Mouton, 1975; C. Prócoro .Ferreira Camargo, *Kardecismo e Umbanda*. Sao Paulo: Pioneira, 1970; Bryan Wilson, *Sociología de las Sectas Religiosas*. Madrid: Guadarrama, 1970.
[53] E. Willems, *op. cit:* 208 ; Lalive, *op. cit:* 275
[54] Willems, *op. cit*: 180-181
[55] *ibidem*

En la misma línea, Jean Pierre Bastián ha señalado que el gran poder del pentecostalismo está ligado al mensaje de tipo *milenarista* que proclama y su éxito radica en su capacidad de crear un *contra-poder político religioso* a nivel local[56]. En otro sentido se puede afirmar también que ese catolicismo popular tradicional, fungió de aliado circunstancial frente a la irrupción y promoción del espíritu de modernidad de parte del protestantismo histórico y la neo cristiandad católica igualmente modernizadora[57].

En tal ordenamiento, el pentecostalismo aparece como una alternativa sacral y funcional importante en el proceso de cambio social, donde compite por igual -pese a sus diferencias doctrinarias- con el espiritismo, cumpliendo una labor de integración y de adaptación al medio urbano. Lalive ha señalado, además, que el pentecostalismo representa una **continuidad** y **discontinuidad** de las sociedades tradicionales de tipo señorial, en el que se reproduce el esquema de la hacienda[58].

El pentecostalismo propone a las masas populares la fe en un Dios de amor, la certidumbre de salvación, la seguridad de la comunidad y la participación en responsabilidades comunes a cumplir. Les ofrece con ello, una humanidad que la sociedad les niega. Si el pueblo asume el pentecostalismo es porque en su calidad de ideología, significa una respuesta a sus problemas y necesidades inmediatas, y porque las formas de expresión del credo pentecostal, así como sus organizaciones e instituciones, están inspirados y en proporción directa con los esquemas socio-culturales propuestos de la sociedad global. Al haber logrado así la traducción de su ideología y del sistema cultural que le acompaña, al lenguaje social y cultural del pueblo, el pentecostalismo

---

[56] J. Pierre Bastián, *Breve Historia del Protestantismo en América Latina*, México: CUPSA, 1990.
[57] José Míguez Bonino, "Historia y Misión", *Raíces de la Teología Latinoamericana* . Costa Rica: DEI, 1985.
[58] Christian Lalive d Epinay, "Sociedad Dependiente, "clases populares" y milenarismo. Posibilidades de mutación de una formación religiosa en el seno de una sociedad en transición. El pentecostalismo en Chile", en Varios, *Dependencia y estructura de clases en América* Latina, Bs.As: La Aurora, 1975: 271-289. Véase también , *El refugio de las Masas*. Chile: El Pacífico, 1968.

logró convertirse en un elemento constitutivo de la sociedad, un *refugio de las masas.*

Las diferencias axiológicas en las interpretaciones de Lalive y Willems, aparecen al preguntar *"en qué deviene efectivamente el pentecostalismo para las masas".* Podemos esquematizar así sus respuestas:

Según LALIVE	Según WILLEMS
Sociedad sustitutoria de la participación social	**Sociedad compensatoria** de beneficios sociales y económicos no recibidos
Hecho que hace posible:	Hecho que hace posible:
a. Articular su negación radical del mundo (Huelga social) en la comunidad religiosa como sustituta de la sociedad civil.	a. Afirmarse como sujeto, como persona (sociedad participatoria) en compensación de bienes no recibidos.
b. Devenir un actual paralizador de las masas proletarias en busca de liberación.	b. Ser un potencial gestor de la historia.
Por lo que el Pentecostal:	Por lo que el Pentecostal:
c. Necesita una transformación de su <u>conciencia</u> para transformar su <u>apocalipticismo trascendental</u> en acción revolucionaria y eso como sabemos, solo es posible con un cambio desde fuera, desde las prácticas sociales mismas	c. <u>Debe esperar cambios</u> en el sentido liberal-democrático que favorezcan su participación en la sociedad. Es decir, si el pentecostalismo llega a ser reconocido como <u>un actor social</u> en una sociedad en transición.

b. La religion de las clases oprimidas

El pentecostalismo, que es la religión de las camadas pobres de la sociedad, de las clases oprimidas, se explica en la dinámica de las relaciones sociales del modo de producción capitalista que imprime su sello a su condición de clase y a su ideología.

Francisco Cartaxo Rolim[59] ha puesto de manifiesto que el pentecostalismo, principalmente el de la forma protestante, al mismo tiempo que se preocupa de lo sagrado, no es políticamente neutro y no es inmune a las fuerzas de las relaciones de clase.

Como clase subalterna, el pentecostalismo es el producto de la influencia de la ideología de la clase dominante. Como religión de los pobres, se mueve entre la acomodación y la sumisión y entre el cuestionamiento y la protesta y una participación activa en la movilización social (aunque esto último no tenga siempre un carácter permanente, al contrario de las prácticas religiosas que sí las tienen).

La religión está, según Rolim, determinada por las relaciones sociales de clase. No se trata, sin embargo, de un determinismo social, puesto que la "religión pentecostal" es relativamente autónoma. La cuestión es, a su juicio, verificar hasta qué punto los condicionamientos sociales disminuyen o anulan la especificidad religiosa del pentecostalismo, ya que a lo mejor "señalar una autonomía absoluta del pentecostalismo, es crear un mayor problema que aquel que señala una autonomía relativa"[60]

Una explicación del pentecostalismo que no atienda al mismo tiempo y en forma dialéctica, el papel de clase y el papel de agentes religiosos, es teóricamente imposible. Siguiendo a Max Weber, Rolim señala que la "aceptación de un credo de salvación -como el pentecostalismo- brota no de las creencias en sí, sino de las condiciones sociales concretas en que se encuentran los que adhieren".

---

[59] Francisco Cartaxo Rolim, *Pentecostais no Brasil. Uma Interpretaçao Sócio-Religiosa*. Petrópolis: Vozes, 1985.
[60] *Ibid,* 11

Desde ese punto de vista, la fundamentación del crecimiento pentecostal estaría en la **adecuación** de la propuesta religiosa a los intereses de los interlocutores y no al revés: "Sin una *respuesta* al anuncio, por más verdadero que sea, ningún credo germina y crece"[61] Rolim dice expresamente: "la determinación de la religión pentecostal no proviene de su núcleo internamente religioso, sino de su condicionante social, en cuanto raíz, base, fundamento de los intereses religiosos sino que ella no sólo <u>existe</u> en nuestra sociedad. Es parte de ella, está inserta como uno de sus componentes"[62] y en tal sentido condicionada para ella.

Por eso es fácil comprender cómo la condición de "camadas pobres" y "camadas populares" de los pentecostales le viene específicamente del tipo de relaciones sociales del modo de producción capitalista de las que forman parte sólo como trabajadores asalariados y no productivos.

Esto es así, según Rolim, porque en el modo de producción capitalista solo es trabajador productivo aquel que produce directamente plusvalía. En su gran mayoría "los que abrazan el pentecostalismo, si por un lado pertenecen al mundo del trabajo y en este viven una dependencia como empleados, por otro, no se inscriben en el sector fundamental"[63], situándose más bien como clases subalternas improductivas.

En el aspecto ideológico, el pentecostalismo forma parte de la dinámica que impone la relación dominante/dominado. Las relaciones sociales de producción configuran básica y fundamentalmente a los pentecostales como **clases dominadas**.

Ahora bien, como ellas se inscriben en un sistema de clases, en relaciones recíprocas, no es posible entenderlas sino en referencia a la dominante. O sea, en referencia a la relación de dominación / subordinación".

---

[61] *Ibid*: 12
[62] *Loc.cit*
[63] *ibid:* 172

Esta situación de dominación aparece en lo ideológico bajo dos aspectos: afirmación de la clase dominante e imposición de su dominio a las clases subalternas. Con ello invade los diversos mecanismos, incluso los de carácter religioso, una visión de la sociedad laica y profana, de una manera de obtener asentimiento y conformidad por parte de las demás clases. En esa visión, la clase dominante impone sus intereses, no frontal ni directamente, sino como siendo los intereses de la totalidad social.

De modo que, la referencia a lo sagrado, una vez concretizada en palabras, ritos, gestos y actitudes, es mediatizada por la relación de dominación, inscrita en el nivel cultural e ideológico. La Ideología Pentecostal se torna así en un espacio donde se puede sorprender tanto la sumisión a la dominante como la confrontación con él.

La consecuencia es clara. Cuando el pentecostal exalta el poder de Dios, presentándolo como remedio para los males presentes e inmediatamente sentidos, y recibe una avalancha de adeptos, transfiere para lo trans-social y para lo a-histórico como aspiración de liberación latente en las camadas pobres, encubriéndoles la posibilidad de que se tornen autónomas por las prácticas sociales. Por el contrario, cuando los dominados -creyentes individuales o en grupos- comienzan a percibir que las carencias, la pobreza, los males presentes brotan del propio orden social creados de privilegios y de desigualdades, se ponen sin duda en confrontación con la ideología dominante, laica y profana.

Por tal razón, y, en definitiva -según esta interpretación- son las prácticas sociales el camino que lleva a la reformulación de la ideología religiosa del dominado. Solo así puede el poder de Dios no eliminar la autonomía ni la iniciativa de las prácticas sociales, sino más bien exigirlas como expresión de una presencia actuante en la historia como transformadora de la sociedad.

Producto de su investigación sociológica del pentecostalismo brasileño, Rolim constata que la protesta pentecostal en Brasil no es solo simbólica, sino también efectiva y real, de formas variadas, inclusive políticas[64], Él está convencido, por otra parte, que explicar el pentecostalismo a partir del proceso de urbanización / migración y aún del concepto de **anomia**, es ver el pentecostalismo de afuera para adentro y dejar en silencio la producción religiosa y los intereses religiosos señalados ya por Weber. Ello sería "hablar de manera arbitraria y sin justificaciones teóricas, en acomodación al sistema y en legitimación del orden social".

c. Una respuesta a la afliccion y sufrimiento de la sociedad

> *El pentecostalismo, como el Umbanda en Brasil, es una respuesta a las aflicción y sufrimiento de la sociedad y su aplicación a él representa un medio para estrategias políticas y económicas que pueden ser relacionadas a experiencias sociales previamente diferentes de los miembros que se afilian.*

Peter Henry Fry y Gary Nigel Howe[65] intentan ir un poco más lejos que las aproximaciones de Willems, Lalive, Camargo y otros. Piensan ellos que constatar que el pentecostalismo responde a las relaciones dicotómicas clásicas, tales como folk/urbano, orden/anomia, marginalización/integración, no es suficiente y no explican por qué las masas **eligen** indistintamente unos el pentecostalismo y otros el Umbanda. "Preferimos ver la afiliación de personas a asociaciones religiosas, dicen, como una **estrategia social** que algunas personas adoptan por razones específicas que aún tienen que ser reveladas. Nuestro argumento es que la urbanización y la industrialización afectan el modo por el cual cualquier individuo, sea el migrante o no, se relaciona con la sociedad y viceversa. Los cambios traídos por la industrialización y la urbanización son primariamente cambios en la forma y contenido de la red social de un individuo"[66].

Todos los migrantes no llegan necesariamente mal equipados para enfrentarse con el modo de vida urbano. Además, los migrantes rurales

---

[64] *Ibid:* 13
[65] Peter Henry Fry e Gary Nigel Howe, "Duas Respostas á Aflição: Umbanda e Pentecostalismo" ,Rev. *Debate & Critica*. Nro. 6 (Julho) 1975: 75-94.
[66] *ibid:* 85

no son totalmente ignorantes respecto de los problemas de la ciudad cuando llegan. Ellos fácilmente siguen **redes de parentesco**.
Así, ciertamente, "el pentecostalismo provee una estructura ideológica y organizacional que es más conducente a la generación de confianza entre correligionarios. De ese modo, (si) el pentecostalismo no es, por lo menos sí provee, una base institucional para el ejercicio del poder y autoridad que son negados en la sociedad más amplia[67] al mismo tiempo que desempeña el papel de **familia extensa** a quienes lo necesitan.

En términos Weberianos, Fry y Howe señalan que el pentecostalismo se aproxima más al tipo ideal **"racional burocrático"** en tanto que el Umbanda se aproxima al tipo ideal **"Carismático"**[68]. En ese sentido "las Iglesias pentecostales podrían ser más atrayentes, en términos *ideacionales*, para aquellos que tuvieran alguna experiencia de relaciones sociales "burocráticas", impersonales, y que hallaran tal modo de ordenar la vida social satisfactoria y conveniente. En tanto que el Umbanda podría ser más atrayente para aquellos cuya vida diaria está estructurada en base a la manipulación constante de personas estratégicas y que tienen poca experiencia del modo "burocrático" de ordenar relaciones sociales o que encuentran tal sistema inconveniente [69].

Ahora bien, ni la sociedad global ni las sociedades religiosas son homogéneas, de modo que ellas ofrecen un campo complejo de posibilidades (oferta) para un grupo también complejo de personas orientadas socialmente en forma diversa (demanda).

Este hecho hace que sea imposible predecir las orientaciones de la gente a determinadas asociaciones religiosas, pero "en un tiempo en que al hombre de la calle le es negada cualquier expresión política, resulta de mayor importancia que muchas personas sean atraídas a asociaciones con ideología religiosa" (Gramsci). Es cierto que la elección de una u otra asociación religiosa depende tanto más de la **eficacia de los símbolos del grupo** cuanto de las recompensas políticas y económicas que los adeptos esperan derivar de sus energías;

---

[67] *ibid*: 87
[68] *ibid*: 88
[69] *ibid*: 91

pero, no debemos olvidar -- señalan Fry y Howe-- que hay aspectos socioeconómicos que entran en juego en la afiliación religiosa. El hecho de hacerse miembro de un grupo, cualquiera que sea, "envuelve ciertas pérdidas en términos de otras oportunidades, pero también ofrece ciertos beneficios ("bendiciones") en la forma de relación, de intercambio social con otros miembros: Hay una *dialéctica progresiva* entre lo que es percibido como agradable a Dios y a los espíritus, y lo que es sentido como siendo inmediatamente ventajoso para el hombre" [70].

Para Fry y Howe en cada uno de los casos, el pentecostalismo o el Umbanda, por igual, son los aspectos socio-económicos los que determinan en general una u otra afiliación religiosa. Por eso creen que debemos preguntar a ambas congregaciones de qué beneficios son dotados sus miembros, cuál es el costo de disfrutar esos beneficios y, finalmente, qué especie de persona podría sentirse atraída para este particular contrato social.

Una respuesta apropiada a la cuestión planteada por Fry y Howe, descansaría indudablemente en una reconceptualización teológica del concepto "economía" en términos de oferta y demanda y en una diferenciación antropológica de los adeptos a tal o cual religión, una vez que estos han adherido. Pero habría que verificar si esta sugerencia no cae en un reduccionismo económico de las relaciones entre los individuos y las religiones y si siempre son las motivaciones económicas las que producen conversiones o adherencias.

d. La construccion de una subjetividad popular como auto-produccion simbolica

> *Considerando las creencias, los discursos y las prácticas religiosas como un "mundo religioso" y como un tipo de producto en el mundo de la cultura --lo cual supone un proceso y determinadas relaciones de producción de ese mundo religioso-- el pentecostalismo es interpretado como una forma en que importantes sectores de las clases populares (sub-proletariado urbano, campesinado proletarizado o no, y sectores indígenas) recuperan*

---

[70] *ibid*: 84

para sí o se apropian de los medios de producción del "mundo religioso", rechazando -y asumiendo al mismo tiempo- la mediación sociocultural liberal de origen burgués.

Es la interpretación que resume Juan Sepúlveda para Chile[71], a partir de la propuesta teórica de Otto Maduro, Bourdieu y Lalive D'Epinay, con referencia a un tipo de pentecostalismo "criollo" producto de la recreación del metodismo en el propio campo religioso chileno. Tal pentecostalismo criollo, es diferente, en su extracción, al pentecostalismo de "misión" extranjero que llegó a Chile muy posteriormente. En contraste con el catolicismo popular, y en directa relación con una especie de **magisterio** como instancia oficial de "cultivo religioso", el pentecostalismo aparece como siendo productor directo y legítimo de un discurso y una práctica religiosa válidos y estableciendo un claro elemento de **ruptura** en medio del **continuum** religioso existente.

El pentecostalismo, en el espacio de la sociedad chilena, opera así una especie de socialización o popularización del **magisterio** y de los medios de producción del "mundo religioso". Sepúlveda -y en ello se distancia de varias interpretaciones sociológicas tipo- señala que "esta capacidad del pentecostalismo tiene su origen no tanto en factores externos de carácter social, ni tampoco en la teología, sino en la **estructura** específicamente religiosa del pentecostalismo", es decir, en la capacidad o **interés** religioso de producir su propio mundo religioso.

Distinguiendo con F.C. Rolim[72] dos planos de actos y ritos religiosos en el pentecostalismo, unos constituidos por los **ritos formales**, tales como el Bautismo y la Santa Cena, y el otro por los **cultos** públicos, los cultos privados de oración, la predicación sobre las plazas y los cultos de curación --en los que normalmente tiene lugar una clara división social del trabajo religioso entre los **agentes calificados** para producir el rito (los pastores) y los simples **consumidores** del rito (los

---

[71] Juan Sepúlveda, "Pentecostalismo y Religiosidad Popular", *Pastoral Popular* Vol. XXXII - 1981, Nro. 1: 16-25
[72] F. C. Rolim, "Pentecostisme et Societé au Brésil", en *Social Compass* 26, Nro. 2-3 (1979):345-372. citado por Juan Sepúlveda, *op. cit*: 19.

laicos, el pueblo)-- Sepúlveda Concluye: "la estructura religiosa pentecostal tiene este trazo característico: el creyente es el **productor** directo de los bienes de su mundo religioso marcado por la creencia y por la fuerza del espíritu. Lo importante no es ser presbítero, pastor o diácono, sino ser productor directo del mundo religioso pentecostal".

En tal sentido, puntualiza Sepúlveda:

a. Los creyentes son, a nivel de estructura religiosa, los productores directos del mundo religioso: es lo que los define en tanto que pentecostales;
b. La posición que ellos ocupan en esta estructura se caracteriza por las relaciones de propiedad y de posesión de los medios de producción religiosa (creencias, sentimientos, palabras, gestos);
c. No hay, por consiguiente, más división social del trabajo religioso;
d. No hay más división social del trabajo manual y trabajo intelectual, es decir la división entre trabajo manual y trabajo intelectual, es decir, la división entre quienes planifican y quienes ejecutan las predicaciones, las oraciones y las deposiciones. Así desaparece la dicotomía entre agentes especializados y simples creyentes, entre letrados e ilustrados, entre detentores del poder y gobernados, entre planificadores y ejecutantes[73].

Esta interpretación ha sido retomada y explicada posteriormente por **Samuel Palma y Hugo Villela**, también chilenos, en el marco de una investigación sobre "La subjetividad popular: la religión de los sectores populares: el campo Pentecostal" hacia 1987[74].

Ambos intérpretes explican el proceso social chileno como uno de progresiva clausura de las posibilidades de ascenso y movilidad social

---

[73] Juan Sepúlveda, "Pentecostalismo y Religiosidad Popular", *Pastoral Popular* Vol. XXXII - 1981, Nro. 1: 16-25
[74] Samuel Palma y Hugo Villela, *"El pentecostalismo: La religión popular del protestantismo latinoamericano. Algunos elementos para entender la dinámica de las iglesias pentecostales en América latina"* Santiago, Chile: mimeo, 1989: 15pp. Cf. Manuel Canales-Samuel Palma-Hugo Villela, *En Tierra Extraña II. Para una sociología de la religiosidad popular protestante.* Chile: Amerindia, 1991

del pueblo; proceso que lo coloca en una situación de "frustración popular", de deterioro sicológico social en donde la pérdida de asertividad es una expresión del sentimiento de impotencia, del deterioro de identidades y de la pérdida de referencias afectivas.

En tal contexto, la "salida religiosa" (sic) se coloca como un camino viable que, si bien no lleva a la ascensión social, sí permite la recuperación de identidades y afectos.

En medio de esa "crisis de subjetividad" del "bajo pueblo", el catolicismo se muestra deficitario frente a la demanda por una salida religiosa. Esto es así porque:

a. El catolicismo ha estado asociado históricamente con el poder político
b. Por el carácter erudito del personal religioso católico (curas, monjas, agentes laicos, seglares) que coloca distancias respecto al modo de vivir lo sagrado por parte de los sectores campesinos y pobladores urbanos, y
c. Por la formalidad de las estructuras de acogida de las iglesias católicas en el modo de constituirse en comunidad.

La religión católica aparece, así como una religión impuesta y como una propuesta de religión ajena a los intereses populares.

Frente a esta especie de vacío de soporte afectivo de la identidad del pueblo, el pentecostalismo ofrece 2 salidas:

1) La "salida del mundo" para construir otro mundo que no es mero "refugio" como quería ver Lalive;
2) La salida de un Sagrado (el catolicismo) para producir otro sagrado (el pentecostalismo).

De este modo, el pentecostalismo ofrece a los sectores populares la posibilidad de construir el mundo a partir de la religión.

Pero este "mundo" no es un "refugio" en el sentido que le dio Lalive *como lugar de reconstrucción idealizada de un orden de extinción*" (la sociedad tradicional en el esquema de la hacienda). Por el contrario, es el "soporte de una forma de identidad social posible en un mundo de identidades precarias". Y representa --tras un proceso de transformación que comienza con las nuevas prácticas sociales-- una posibilidad de regreso ("vuelta") al mundo cotidiano de los pobres, una especie de reencuentro en su propia identidad en la experiencia misma de la predicación callejera, por ejemplo. Una posibilidad de reconstrucción del domicilio al regreso del trabajo o por falta del mismo.

En otro sentido, el pentecostalismo representa también un cambio a nivel de los *universos simbólicos* de lo sagrado. Es el **cambio** del "sagrado católico" por el "sagrado pentecostal" que dice tanto la búsqueda de una relación directa con lo sagrado eliminando, desplazando o reemplazando, mediaciones eruditas (sacerdocio) o competitivas (los santos), como la afirmación de una "mediación clasista" (el pastor popular). Significa por otra parte, el invento creativo de un propio universo religioso con los elementos de una "religión dada". Se trata, pues, de un *bricolaje*, de la recreación de la religión tradicional en una nueva religión.

Este difícil y partuliento proceso productivo explica, por lo menos en parte, la dificultad del pentecostalismo para alcanzar un grado importante de "organicidad" en el tiempo, así como su tendencia a la fragmentación y a la producción de cismas.

Tales actos y procesos son propios de un pueblo que, aunque no goce en su totalidad de niveles dignos de empleo, está en pleno proceso de producción cultural y trabaja por la afirmación de la identidad popular, de camino a la construcción de nueva sociedad.

e. Una satisfaccion religiosa al trauma de la Conquista

> *El pentecostalismo --como a su turno los fueron el catolicismo, los protestantismos, las ideas socialistas y los populismos, entre otros-- es una forma de satisfacción a las apetencias religiosas producidas en el pueblo amerindio a raíz de violentar su subs-*

trato mítico-simbólico durante la conquista y colonización españolas y los posteriores colonialismos[75].

Los pueblos indígenas de Indoamérica fueron violentados durante la conquista y colonización milito-misionera en lo más fundamental de su estructura socio-cultural, es decir, en su substrato mítico-religioso. Esto fue así porque el eje de su organización social y económica descansaba en la estructura religiosa. La estructuración religiosa era la base de su organización social.

En el momento de ser violentado social, cultural, económica, política y religiosamente con *instrumentación de lo sagrado* se habría registrado y conservado en el inconsciente colectivo del pueblo latinoamericano posterior, el testimonio del tipo de agresión al que fue sometido originalmente. Por lo general las víctimas de una violación trasladan y conservan en su inconsciente una memoria traumática de la agresión. Sus acciones fallidas, sus complejos, sus deformaciones conductuales, sus manías, sus ansiedades, etc., no son sino el reflejo inconsciente del punto crítico en el cual fueron afectados.

En el plano social, muchas fiestas rituales andinas no son sino reproducciones grotescas de agresiones, traumas, tragedias, violaciones y sufrimientos anteriores a los que fueron sometidos, sean estos remotos o relativamente lejanos. De esta forma, el proceso colonizador y cristianizador hispánico habría favorecido gradualmente la formación de ese rasgo del inconsciente colectivo y este tomaría preferentemente formas religiosas, traduciéndose en un *pathos* de intensificada vida religiosa, contexto desde el cual el pueblo:

a. Reproduciría, mediante el folklore, la acción originaria de conquista y colonización.
b. Mantendría en sus narraciones míticas ancestrales la figura de un hombre blanco que viene del mar, de un rey que retorna, (visión de los vencidos)
c. Dramatizaría ritualmente su protesta con acciones simbólicas

---

[75] Véase mi fascículo *"Religión y Liberación del Pueblo"*, Lima: CEPS, 1989: 19 pp.

regionales, aunque no siempre bien expresados políticamente (fatalismo litúrgico)

d. Tendería, finalmente, a desviar la atención de sus reales necesidades (enajenación)

Así, pues, la atrofia de lo social a partir de la violencia ejercida en el substrato simbólico religioso del pueblo amerindio[76] por los conquistadores españoles, habría creado las condiciones y condicionamientos psico-sociales para la generación paulatina de una especie de *ansiedad religiosa colectiva*.

En tales condiciones, el pueblo amerindio habría quedado como determinado en su personalidad social, para la apetencia religiosa. Razón por la cual, este pueblo ensayaría, permanentemente y en distintas direcciones, situaciones que le permitan calmar esa ansiedad y esa apetencia religiosas.

Unas de esas vías serán, por turno, el propio catolicismo de cristiandad, los protestantismos, los populismos, las ideas socialistas y también los pentecostalismos y otros movimientos religiosos nuevos o antiguos. Ellos representan para el pueblo, *alternativas de satisfacción religiosa*, más que alternativas de cambio, recambio o expresión de sus proyectos histórico-sociales frustrados.

De modo que la actual "embriaguez" o intensificación de experiencias religiosas populares -más cercanas a las disidencias religiosas de protesta simbólica (tales como los mesianismos políticos) que, a la tradición católica de nueva cristiandad- no sería sino el signo de un ensayo popular, una alternativa entre otras, de búsqueda de *caminos para la liberación* de su condición de pueblo oprimido"

---

[76] Nombre utilizado para designar a los pueblos indígenas de América del Sur.

III. ESTRUCTURA DINAMICA DE LAS COMUNIDADES PENTECOSTALES

Para comprender las funciones de las disidencias religiosas, me parece conveniente antes presentarles la dinámica de los pentecostalismos. Este apartado procurará, por eso, una brevísima caracterización socio gráfica de las comunidades pentecostales como grupos primarios y secundarios y como estructuradas por un *movimiento interno* que corre entre masificación y la atomización y por una *ideología* de santificación que es el *motor* de su celo evangelístico y por la misma razón para su crecimiento. Para ello debemos considerar por lo menos dos de sus rasgos más sobresalientes:

1) **La estructura fundamental** de las comunidades pentecostales: su "**movilidad interna**" o el tránsito ascendente de la "secta" a la "Iglesia" y descendente de la "iglesia" al "movimiento", así como su regresión del movimiento a la iglesia y a la secta[77].

2) **La ideología de santificación** cuya característica más importante es la de ser des-institucionalizadora e instauradora o restauradora de un poder carismático, motor de su crecimiento y desarrollo.

1. Entre el carisma y la institucion

A pesar de ser --o quizá por ser-- un fenómeno religioso mundial, el pentecostalismo oscila entre el **movimiento**[78] religioso y la sociedad religiosa organizada: la **iglesia**.

---

[77] Las categorías **iglesia-secta** como tipos ideales fue trabajada por Max Wber, E.Troeltsch y otros sociólogos de la religión. Cf. una sugestiva presentación de las mismas en Roger Mehl, *Sociología del Protestantismo*. Madrid: Stvdivm, 1974.

[78] Colectividad que actúa con cierta continuidad para promover o impedir el cambio en la sociedad. Cuando los movimientos sociales procuran cambios en las estructuras fundamentales de la sociedad, sus acciones implican una revolución. Una revolución es un movimiento social que comprende cierto grado de cambio social, socavando por lo general la estructura política existente y reemplazándola por otra diferente.

Como se sabe, los *movimientos religiosos* --movimientos en los que destacan las cualidades de expresión de los líderes-- suelen vivir un proceso que incluye etapas como:

1) Organización incipiente o informal, surgida por la insatisfacción existente con las iglesias.
2) Organización formal.
3) Eficiencia máxima.
4) Institucionalización en la que las necesidades personales de los miembros son suprimidas en favor de las necesidades de la nueva organización eclesial.
5) Desintegración[79].

En otro sentido, estas etapas pueden ser caracterizadas como:

1) Inicio
2) Fusión
3) Institucionalización
4) Fragmentación y
5) Desaparición o transformación[80].

Una clave de este proceso es el fenómeno de desplazamiento de objetivos, en el que el objetivo inicial de realizar ideales religiosos es desplazado o reemplazado por el objetivo de atraer prosélitos a la nueva iglesia y volverse respetables a los ojos de los que no son miembros, vale decir, a la sociedad mayor.

La **iglesia**, por su parte, puede caracterizarse --desde el punto de vista sociológico-- como la sociedad religiosa estructurada y con organización más o menos estable, cuya pertenencia o membresía es menos compulsiva que la secta. La *Iglesia* es así el estadio de mayor organización o burocratización de la *secta*, o la etapa de institucionalización del *movimiento*.

---

[79] Herbert Blumer "Social Movements", en R. Serge Denisoff (ed) *The Sociology of Dissent*, N.Y. Harcourt Brace Jovanovich, 1974:4-20, citado por Bernard Phillips, *Sociología. Del Concepto a la Práctica*. USA. McGRAW-HILL, 1982: 519
[80] *Ibid.*

En su calidad de movimiento, el pentecostalismo sobrepasa la pertenencia social exclusiva y deviene *fuerza del espíritu* que, incluyendo la iglesia, no sólo la trasciende, sino que la des institucionaliza. Es, por lo tanto, una fuerza o una corriente espiritual que supera las limitaciones geográficas o jurisdiccionales, así como limitaciones de tipo confesional[81].

La dialéctica *movimiento-iglesia* constituye, de ese modo, la base para su organización social y para su liderazgo. Esa dialéctica puede ser entendida también como la *dialéctica carisma-institución*, en términos Weberianos.

A pesar de que el pentecostalismo se objetiva o se expresa históricamente en comunidades religiosas, con todo el pentecostalismo debe ser entendido primariamente como un *movimiento*. Cuando se rutiniza el carisma aparece la institución y ésta a su vez da lugar para un proceso de nueva irrupción del carisma. El *carisma* vive, entonces, un proceso oscilante entre la manifestación y la latencia. Al punto que se puede decir que la institucionalización es el período de latencia del carisma y la manifestación o irrupción carismática la etapa de desinstitucionalización.

Los movimientos de renovación carismática o de *revival* aparecen precisamente cuando los grupos o sociedades religiosas (iglesias) han alcanzado un alto grado de burocratización que ya no dan lugar para la espontaneidad, la libertad del Espíritu, la santidad, o la contemplación espiritual. La irrupción o manifestación del carisma, al inicio,

---

[81] Esto explica, en parte, por qué los pentecostales no tienen una teología característica y que lo único propio tal vez constituya su genio organizador de los dogmas o doctrinas fundamentales del cristianismo de los que no siempre distingue conscientemente lo característicos de las variantes históricas, catolicismo y protestantismo. Lo distintivo de la teología pentecostal radica en su capacidad de creación de un cuerpo doctrinal pragmático, maleable, funcional, perfectible, y hasta cambiante, sin importar la fuente, dependiendo más bien de las consideraciones del contexto social donde se desarrolla. Es, por decirlo de alguna forma, una teología mosaica y pragmática" que incluye una visión cósmica, una teología de la historia, una teología política y una teología de la humanidad. Esto último precisamente por su orientación masiva y su pretensión de universalidad. Cf. mi alocución "Pentecostalism: A Latin American View" en Huibert van Beek (ed.), *Consultation with Pentecostals in the Americas. San José Costa Rica 4-8 June.* Geneva ,1996.

toma la forma orgánica de una *secta* que después evoluciona hasta tomar la forma de una *iglesia*, pasando antes por la etapa intermedia de la "*Denominación*" en el sentido que los norteamericanos asignan al término (sociedad intermedia entre la secta y la iglesia o *secta establecida*).

Esa dinámica "Secta-Denominación-Iglesia-Movimiento" es la estructura básica del pentecostalismo y desde ahí ha de entenderse toda la experiencia religiosa. Cualquier tipificación no dinámica del pentecostalismo que la reduzca a sólo uno de estos estadios, no captaría su estructura fundamental.

En lo que sigue, veremos cómo esta estructuración fundamental, este ciclo que es a la vez evolutivo e involutivo, tiene incidencias directas en la organización social de las comunidades pentecostales, así como en su liderazgo y las formas de administración del poder.

2. Grupos primarios y grupos secundarios

Cualquier observación socio gráfica de las comunidades pentecostales permitirá constatar la presencia de grupos primarios y secundarios.

Los grupos primarios constituyen "iglesias minoritarias"[82] de hasta 100 miembros y en el mejor de los casos de hasta 200 miembros. Los grupos secundarios, en cambio, están conformados por agrupación de iglesias locales que se asocian libremente y admiten un liderazgo representativo que los aglutina, o por comunidades grandes que superan los 200 miembros hasta llegar a miles de adherentes.

Como es natural en estas iglesias las relaciones de intercambio personal son distintas a las de los grupos primarios. La índole de las relaciones "cara-a-cara" son más privadas, y se dan mayormente fuera de las reuniones cultuales, muchas veces en las casas de los miembros.

---

[82] Nombre acuñado por Roger Mehl para evitar el calificativo de *sectas* a sociedades religiosas pequeñas en proceso de involución, como el caso del metodismo en el Perú. Cf. R. Mehl, *Sociología del Protestantismo*. Madrid: Stvdivm, 1974: Cap. Sociología del ecumenismo: 209 ss.

Los cultos, por su carácter masivo, asumen características de las reuniones colectivas

En el caso de las organizaciones grandes (Denominaciones) como las Asambleas de Dios siguen modelos y sistemas de organización de las iglesias establecidas o de sus iglesias de procedencia (Iglesia Madre). Es el caso del pentecostalismo chileno que es una derivación del metodismo chileno. Su estructura organizacional es congregacional por la fuerza del carisma y la participación de los dones y ministerios, pero su liderazgo episcopal, herencia de la estructura metodista. En el Perú este proceso genético debe ser relacionado con la Iglesia Católica de donde proceden los miembros que se convierten al pentecostalismo.

3. Entre la masividad y la atomizacion

Las comunidades pentecostales experimentan una doble tendencia a la masividad[83] y la atomización. Cada pequeña iglesia tiene la consigna de crecer numéricamente, multiplicarse y "conquistar" en lo posible los espacios seculares para convertirlos en sagrados. Se trata de un crecimiento centrípeto y centrífugo (hacia adentro y hacia afuera) que se alimenta de un modo de pensar santificacionista según el cual "cuantas más personas se ganan para Cristo, más espacio se gana al "mundo", al poder del enemigo (Satanás) y más aún se apresura la segunda venida de Cristo, ya de por sí inminente" [84]

Este crecimiento del pentecostalismo tiene consecuencias no calculadas cuando genera iglesias masivas en la que la individualidad o peligra o se funde en un sentimiento colectivo unipersonal y místico. La comunitariedad cede lugar a la masividad en la que el liderazgo se hace más vertical y piramidal. La Pirámide crece con la misma intensidad con que los medios de comunicación de masas envuelven la

---

[83] No a la masificación como podría ser el fenómeno de la comunicación de la mal llamada "iglesia electrónica", dependiente de corporaciones o transnacionales de la religión.
[84] estudios recientes han observado una mutación en la escatología pentecostal como más historizada y menos futurista. Tal vez se ha ganado más en organización eclesiástica y la escatología se ha hecho menos pneumática, aunque sin llegar al extremos de una escatología realizada.

imagen del líder en estereotipos de conductores radiales o televisivos.

Esta nueva situación de mega-iglesias genera actitudes de rivalidad con las micro-iglesias que por lo general no crecen en la misma proporción que aquellas. En el interior de las iglesias masivas se genera, por otro lado, una especie de competencia de poder en la que el pequeño líder o líder potencial pronto se ve rebasado por aquel que llega a miles o millones de personas, llegando a ser un "gran líder de multitudes" tipo Paul (David) Yongi Cho. Lo que no degenera en competencia se convierte en el "modelo ideal" de iglesia o de líder que los líderes de iglesias minoritarias se esfuerzan por reproducir.

La masividad, sin embargo, no es permanente. La amenaza de atomización es permanente, debido muchas veces a conflictos internos y otras a las circunstancias sociales en las que se desarrolla el grupo. La propia existencia del gran grupo depende de su capacidad para organizarse en pequeñas sub-unidades o pequeños grupos de crecimiento cualitativo. En realidad, el crecimiento por células funciona muy bien en aquellas iglesias cuyo tamaño excede los 200 miembros o cuya pretensión es llegar a ser un grupo secundario o multitudinario. La tendencia común de los grandes grupos o movimientos es caer en la atomización.

4. La ideologia de santificacion

Debemos distinguir de entrada, la *ideología* de la *doctrina* de la santificación. Entendemos por ideología de santificación el sistema simbólico motor cuyo eje básico es la santificación permanente de todo lo profano y que es capaz de legitimar y dar sentido a las prácticas proselitistas.

No usamos la palabra *ideología* en el sentido de falsa conciencia de la realidad legitimadora de la clase dominante, como lo entendía el marxismo. Preferimos su acepción como sistema simbólico que permite preservar la identidad del grupo y de los individuos. En ese sentido Paul Ricoeur señala que la *ideología, como sistema simbólico*, sirve de modelo para las acciones típicas, organiza los procesos sociales y psíquicos y forma sistemas y subsistemas tales que uno de ellos engloba al otro sin que se pueda aplicar un esquema causal a dichas relaciones de integración [85]

En el caso del pentecostalismo, la ideología de santificación constituye el universo *estructurado* y *estructurante* cuyo contenido básico es la doctrina de la santificación, en su mejor expresión protestante.

La ideología de santificación pentecostal comporta elementos y matices que son propios de los grupos disidentes, tres de cuyos rasgos son:

a. Un sentido mesiánico de elección divina. Esto incluye la formación de un cuerpo o grupo especializado consagrado a la actividad místico-religiosa. Como es natural en la configuración cultural del grupo elegido intervienen teologías, teogonías, antropogonías y una serie de mitos ancestrales, ritos purificatorios y catequesis de doctrinas mistéricas tendientes a consolidar un poder misterioso revelado especialmente a los líderes.

b. Emergencia de un Líder Carismático. Su autoridad presume estar en directa armonía con la "voluntad divina" para el cumplimiento de la cual ha sido levantado.

c. Una ética de separación del mundo que aísla necesariamente al grupo elegido de la vida común o de la laicidad de la vida cotidiana, para consagrarse a los servicios de Dios. En el peor de los casos esta ética de separación lleva al aislamiento de las prácticas sociales (*fuga mundi*) y en el mejor de los casos a la protesta profética frente al malestar de la civilización. Cuando esta separación de las corrientes de este siglo (*saeculo*=mundo) adquiere formas vocacionales o ministeriales se crean las órdenes hierocráticas.

---

[85] Paul Ricoeur, *Finitud y Culpabilidad.* Madrid: Taurus, 1969

IV. LA IDEOLOGIA PENTECOSTAL

1. La hipotesis a trabajar

Mi propuesta de discusión en este apartado puede resumirse de la siguiente forma:

> Las relaciones posibles que establezcan los evangélicos --y entre ellos los pentecostales-- con el poder político, como con la sociedad civil, dependen en buen grado de su composición social y organización religiosa. Vale decir que las relaciones de **transacción** o de **oposición** al **poder político** están en proporción directa a su **constitución interna** como **Iglesia** (Sociedad organizada con un alto grado de burocratización) o como **disidencia religiosa** (Asociación voluntaria cuyas prácticas y valores se oponen o niegan los valores religiosos sociales dominantes).

Quiero proponer en ese sentido al *pentecostalismo* como **"Disidencia Religiosa"** y al *protestantismo*, como **"Iglesia"**. De manera más extendida, nuestro planteamiento es el siguiente:

> A la Iglesia, por lo general, le corresponde una función integradora o de legitimación del orden y a las disidencias un papel inevitablemente "subversivo" en el sentido más amplio del término. Por ejemplo, en el Perú actual el estado de la cuestión se sintetiza en que las **Iglesias Evangélicas** aspiran, emulan, o quieren consciente o inconscientemente, suplantar a la Iglesia Católica; aspiran una relación funcional con el Estado en la medida que ello les permita ostentar el **poder político** como mediación para el ejercicio del poder religioso y no necesariamente para **gobernar.** Su presencia en el Perú no obedece únicamente a un mecanismo de **sobrevivencia** por su condición de minoría frente a un catolicismo mayoritario, fuerte y hegemónico, y frente a un patronato del Estado, sino que se explica también, desde adentro, como una recaída en el **Constantinismo,** por sus aspiraciones de poder.

Las disidencias religiosas -de las que forma parte del pentecostalismo- sin embargo, no están cumpliendo su función anti-hegemónica, "radical" (en el mejor sentido), en cuanto siguen siendo presa de una ideología atestataria, todavía heredera de una religión de trasplante de origen americano, aunque con un alto grado de nacionalización.

La participación de los Pentecostales en la política habría sido así sólo una emoción del momento que tarde o temprano habría fracasado o habría mostrado sus verdades intenciones santificacionistas, redentoristas, pero no necesariamente políticas.

Los pentecostalismos --como cualquier otra religión-- son, en términos de Otto Maduro, sociedades religiosas *atravesadas, limitadas y orientadas* por las relaciones sociales de producción imperantes en una determinada formación social. En el caso peruano, los pentecostalismos son religiones subsidiarias del modo de producción de un capitalismo dependiente y se encuentran en una posición subalterna respecto de la hegemonía del poder de lo religioso por parte del catolicismo romano y de los protestantismos históricos. No obstante, ello, están vocacionados para la protesta y para la afirmación de una utopía universal.

Entendemos la **ideología**, con Manheim, como las ideas y valores que manifiestan en forma condensada y oculta tendencias no realizadas y no consumadas, que representan las necesidades de una época, y a su vez, elementos intelectuales que se convierten luego en los detonadores que hacen estallar los límites del orden existente.

La ideología aquí es entendida como un sistema de pensamiento o como universo simbólico que es correlato de una determinada formación social, pero que no siempre si únicamente es una *falsa conciencia de la realidad* (Marx) sino un modo de interpretar creadoramente la existencia humana para darle sentido.

2. El pentecostalismo como ideología

a. Eclesialidad dinámica e Ideología de Santificación

Quizá lo más característico del pentecostalismo peruano sea su eclesialidad dinámica, esto es, su voluntad de ser más bien un movimiento, una fuerza espiritual, antes que una institución con burocracia establecida. De ahí que como todo movimiento se resista a una tipificación exclusiva y polarizadora como el de "secta" o de "iglesia", pues es ambas cosas. Me explico.

Dos rasgos de su *ideología de santificación*. El primer rasgo consiste en un proceso (experiencia) de *evolución* que va de la secta a la iglesia y regresivamente de la iglesia a la secta, pero nunca cristalizado por mucho tiempo en un sólo momento. Esto se explica políticamente por su reacción al poder establecido (mundo/iglesia) identificado como lo pecaminoso o demoníaco.

El segundo de sus rasgos es que *la santificación es el motor ideológico* de tal experiencia o proceso, pues organiza las prácticas religiosas como guiado por una fijación santificacionista, permanentemente des institucionalizadora y restauradora de un poder carismático reordenador del cosmos.

Es esa estructuración social e ideológica del pentecostalismo lo que quizá exprese mejor su verdadera estructura, esta es su relación dialéctica entre la *eclesialidad* y la *sectaridad*. Hay aquí un desafío que obligará a la sociología de la religión y a la eclesiología contemporánea, a nuevas exploraciones y formulaciones.

b. Ideología de trasplante

Los protestantes en el Perú constituyen en conjunto aproximadamente el 17 % de la población hasta el año 2016. De ese porcentaje, los pentecostales son más o menos el 80 % de ese 17 %. Es decir, una "minoría" respecto del catolicismo romano, o una mayoría respecto del protestantismo establecido.

Su implantación como ideología religiosa en el Perú tiene lugar entre los años 1919-1922, fechas estas en que se establece la primera iglesia pentecostal (Asambleas de Dios) en Macate, Ancash, y luego en el Callao.

A diferencia del pentecostalismo chileno, el pentecostalismo peruano no fue una derivación del metodismo nacional, sino que fue implantado por misioneros provenientes de los Estados Unidos, que impusieron (involuntaria o voluntariamente) un sistema de gobierno ajeno a la idiosincrasia nativa. Este hecho, sin ser el único, explica en parte el surgimiento de un movimiento nativista / nacionalista que trazó la historia de las Asambleas de Dios en el Perú y del resto de grupos religiosos que salieron o nacieron de su seno[86]. Hay naturalmente factores internos y externos que lo explican.

El factor interno es el que hemos llamado "ideología de santificación", y entre los factores externos, podría hallarse el movimiento indigenista entonces en formación y el naciente *movimiento obrero* de los años 20[87], de la época en que J. Carlos Mariátegui escribe sus *Siete Ensayos de la Realidad Peruana*[88].

c. Contextualización a nivel de la Organización Religiosa.

Me parece que la contextualización (o "peruanización") del pentecostalismo se ha dado básicamente a nivel de la organización religiosa, y con mucha dificultad o lentitud a nivel de la ideología religiosa.

Las luchas por la autonomía religiosa, son más bien luchas por el poder de conducción local que por la de autogestión, o la auto-realización social por la vía religiosa. Situación que revela claramente el desplazamiento político de los adherentes religiosos respecto de la sociedad civil y la sociedad política de la época. En otras palabras, en

---

[86] Kessler, J.B. A. *A Study of the Older Protestant Missions and Churches in Peru and Chile Whit Special Reference to the Problems od Division, Nacionalism and Native Ministry*. Goes: Oosterbaan y Le Cointre, 1967: 280-330
[87] Barba Caballero, José. *Historia del movimiento obrero peruano*, Lima: Signo, 1981. Cf. también: Sulmont Samain, Denis. *El movimiento obrero peruano: 1890-1980, reseña histórica*, 2ª ed. Corregida y aumentada. Lima: Tarea, 1980.
[88] Mariátegui, José Carlos. *7 ensayos de interpretación de la realidad peruana*, Obras completas, Vol. 2. Lima, Perú: Ed. Amauta, 1928.

una época en que el aparato del Estado prohibía la libre formación de organizaciones políticas o un papel más protagónico de las grandes mayorías sobre todo el de las mujeres, el pentecostalismo como aparato religioso devenía una de las posibilidades de expresión y organización populares. Se convertía así en un canal de autogestión popular y un mecanismo indirecto de protesta política.

No importa, en este caso, que los protagonistas de la nacionalización, adujeran en su momento causas específicamente religiosas, pues es característico de las relaciones políticas aparecer como relaciones religiosas, vale decir, ocultándose tras un rostro religioso. El movimiento de nacionalización del pentecostalismo en el Perú puede explicarse, desde el punto de vista político, como la producción en códigos religiosos de lo que estaba vedado en códigos políticos: la participación en procesos sociales de autorrealización y la gestión de un nuevo sujeto social.

3. La ideología pentecostal como sistema simbolico

La ideología religiosa pentecostal como sistema simbólico estructurante ha sufrido poquísimas modificaciones en lo substancial. Las características más saltantes de la ideología pentecostal son las siguientes:

a. La **eclesiología** pentecostal sustenta todavía la primacía de la fiesta religiosa de Pentecostés[89] como suceso primordial simbólicamente reordenador del caos babilónico (Torre de Babel). Se trata de una doctrina que es central y cara al pentecostalismo como fenómeno religioso, pues esta estructura su identidad a partir de este acontecimiento fundante.

b. Una **escatología** eminentemente futurista de la espera inmóvil del Reino de los Cielos, instaurada por la sola obra de Dios en Cristo, con ninguna correspondencia humana para su realización. El terror de la

---

[89] Fiesta religiosa-agraria judía relacionada con la alegría de la cosecha, transformada después en el cristianismo como fiesta de celebración por el inicio de una nueva era con el Cristo, en el cual la iglesia "cosechaba" simbólicamente a los dispersos de Israel para que integren la Iglesia.

irrupción repentina de la Parusía (o segunda Venida del Cristo) cercena la posibilidad de **crear** un modelo nuevo de sociedad; El Milenio que es el continente simbólico para una nueva sociedad, vendrá por la sola gracia de Dios, sin la correspondencia humana. La idea de "construir" el Reino es totalmente ajena a la mentalidad del pentecostal, por lo que su milenarismo es más bien un *apocalipticismo* y no un *mesianismo* en los términos de la tipología milenarista planteado por la socióloga brasileña María Isaura Pereira de Queirós.

c. La **visión mítica de la creación** en concebida en un sentido *positivo*, cuasi real y no en un sentido simbólico o referente que remita a una realidad última. La idea de una socio-génesis o una eclesio-génesis sería impensable desde una concepción como esta. Esta visión mítica de la creación interpreta el origen del universo en términos literales a los 6 días de la creación según el relato bíblico.

d. El **modalismo oculto de su cristología** imposibilita una encarnación o contextualización de la vida cristiana y, por derivación, hace imposible el deslizamiento del milenarismo al mesianismo. Buscar una estructuración de la ideología milenarista con el mesianismo indiano a este nivel es virtualmente imposible en la mentalidad pentecostal.

e. Una **antropología fundamentalmente dualista o docética** (oposición -aunque no ausencia- radical entre carne-espíritu) favorece una ética de negación del mundo y una feroz oposición entre lo sagrado y lo profano que impide, por ejemplo, explicar o comprender los procesos de secularización como perfectamente normales o como necesarios para la madurez en la fe. El hombre es un ser para Dios y no un ser para sí, por lo tanto, la trascendencia de éste es más importante que su inmanencia, de donde su atención a los problemas terrenos es derivada al tiempo milenial que está más allá de esta historia, o después de ella.

f. Una **pneumatología sutilmente alogista** (opuesta al logos) dificulta el ejercicio de una hermenéutica científica del texto bíblico y produce una sobre determinación de la *experiencia extática individual* por sobre una experiencia comunitaria.

En todo esto el pentecostalismo peruano sigue aún sin modificación. La actual crisis por la que atraviesa el Perú podría haber promovido algunos cambios sustantivos, especialmente a nivel de la escatología y la eclesiología, como ha observado Christian Lalive de Epinay respecto de la mutación ideológica de las sociedades religiosas cuando se producen cambios sociales[90]

¿Es posible provocar un cambio de actitudes éticas y prácticas morales con semejante ideología religiosa?

A menos que las nuevas condiciones sociales pre-condicione el cambio, el pentecostalismo permanecerá estructurado ideológicamente para una oposición radical al mundo, y condicionado para la dependencia ideológica en la medida que es mero consumidor o reproductor de esa producción simbólica. Tal producción simbólica, sin embargo, no es propia del pentecostalismo. Se hace necesario, pues, una reformulación radical a nivel de la ideología religiosa. Pero esta no vendrá sino por vía de las prácticas sociales nuevas que son generalmente anteriores y germinativas de las mutaciones ideológicas.

4. Signos de contextualizacion organica del pentecostalismo

Entre los signos de contextualización del pentecostalismo (en el Perú) y éstos se pueden apreciar:

- En la composición social de una membresía con una conciencia nacional cada vez más clara y en crecimiento.
- En la recomposición de su vida litúrgica continuadora de ritos y rituales religiosos andinos.
- En su modo abierto y simbólico de participación social y política (la sectarización debe ser vista aquí como signo de protesta).
- En su condición de clase, mayoritariamente popular o proletaria,
- En su ser reflejo de la ambigüedad popular oscilatoria entre la "huelga" y la "protesta" social para la sobrevivencia.

---

[90] Christian Lalive D Epinay, "Sociedad Dependiente, "clases populares" y milenarismo" en , Varios, *Dependencia y Estructura de clases en América Latina*. Bs.As: La Aurora, 1975: 271-289

- En un ligero distanciamiento de la soteriología fundadora que produce una práctica todavía proselitista pero más personalizadora que la tele evangelización y fundamentalismo norteamericanos.

5. El pentecostalismo como respuesta religiosa alternativa

Si la presencia masiva de los protestantismos en América Latina coincide con el Segundo Período de penetración del Capitalismo Internacional (1870 - 1890), la de los pentecostales coincide con la recomposición del Capitalismo, después de la crisis del 29, con su centralización en la metrópoli norteamericana y su extensión mundial en su fase financiera a partir de los años 50.

En otras palabras, si el protestantismo latinoamericano fue subsidiario del neocolonialismo inglés, el pentecostalismo lo es del neocolonialismo norteamericano, presente en América Latina en los intentos de procesos de modernización, industrialización, urbanismo y la secularización de las estructuras sociales.

Esta situación explica por qué el pentecostalismo se ha constituido en una forma simbólica de respuesta religiosa a múltiples situaciones de cambio social. En algunos casos, "compensando" situaciones de anomia social, en otros "substituyendo" procesos de cambio social, y, en otros todavía, oponiéndose o "frenando" los cambios sociales.

En efecto, en el Perú como en otros países de América Latina, el pentecostalismo ha devenido:

- **Sociedad religiosa "compensatoria"** ante situaciones de anomia social (refugio)
- **Sociedad substitutoria** de creaciones sociales en la sociedad más amplia (protesta radical)
- **Sociedad opositora del cambio social** ("huelga social" o "Fuga Mundi)
- **Sociedad reordenadora de la subjetividad popular**. (cf. Hipótesis 4)

Es, por lo tanto, una estructura permeable y posible de "reorientación". Una conducta modificable.

Jean Pierre Bastián, piensa que los protestantismos no son intrínsecamente conservadores ni revolucionarios. Se les puede infundir cualquier clase de contenido social, sobre todo político. Existen los protestantismos de los oprimidos y los protestantismos instrumentos de la dominación.

En el Perú, como en otros países de América Latina, se puede constatar la presencia de por lo menos dos vertientes del pentecostalismo y de una tercera de gestación.

a. *Una Vertiente "atestataria", Legitimadora, Afirmadora de los planes y proyectos del Capitalismo Financiero.*

Esta vertiente lo conforman sectores del pentecostalismo influenciados y alineados de su realidad social por responsables extranjeros. Se trata, pues, del fruto de la manipulación extranjera a través del control y abuso de los medios de comunicación masivos (Radio, TV, Prensa escrita y redes sociales) y de la exportación de patrones de cultura y agencias religiosas transnacionales. Este pentecostalismo anida mayormente entre sectores pobres urbano-populares de cuño más bien criollo o mestizo.

b. *Una vertiente "contestaria", reformista, más susceptible de manipulación*

Vertiente reformista, de cuño semi-nacionalista, anida especialmente entre los sectores campesinos de la serranía peruana y cuya presencia masiva se viene sintiendo en Lima tras la ola de violencia, los procesos de la toma del poder por movimientos políticos alzados en armas, y las últimas migraciones campesinas: los desplazados. Esta vertiente contestataria podría verificarse también y en mediana escala, entre algunos sectores de la población estudiantil secundaria y universitaria, que ahora es significativa. Estos sectores comparten una visión de cambio social más afín a las izquierdas moderadas que a las izquierdas radicales y son susceptibles de conducción en cualquier dirección u orientación política.

c. *Una vertiente "protestataria", transformadora, con tendencia al cambio.*

Todavía es imposible constatar empíricamente la existencia de esta vertiente, pero hay indicios de su existencia. Esta vertiente protestataria, negadora o "transformadora" del orden establecido, habría incubado o se habría formado en las llamadas "zonas liberadas" del país, pero también cultivada en las universidades.

Es probable que pastores, líderes y feligreses pentecostales asumieran radicalmente los procesos revolucionarios de camino al socialismo. Existe una investigación realizada en Ayacucho por el Instituto de Estudios Peruanos (IEP) en la que se alude a sectores pentecostales revolucionarios.

Christian Lalive D`Epinay, en su investigación realizada en Chile, durante los regímenes de Allende y Pinochet, constató que, en los regímenes socialistas, ideologías, milenaristas como la del pentecostalismo, "reinterpretarían el eje fundamental de su **ideología dualista** (oposición carne-espíritu) pasando más bien de una "**dicotomía, a una dualidad de términos complementarios**". Así, la esfera del Reino de Dios esperado para la época milenial del futuro no prohibiría la participación activa en la constitución del Reino en este mundo. Es deseable, por lo tanto, la mutación de los milenarios en sociedades de transición como la chilena y la peruana. Con todo, Lalive advierte que "hay que prever también un "endurecimiento del dualismo" frente a un mundo que se convierte en el del Anticristo Comunista, como supo inculcar ideológicamente el régimen pinochetista que sacó a Allende y los gobiernos populistas en otras regiones de América Latina (caso Argentina).

En la región andina, *"el pentecostalismo, es también, y en general, una forma de pervivencia de las religiones andinas cuya búsqueda de reivindicación asume formas religiosas más afines a su universo simbólico o cosmovisional, sus elementos cosmológicos, teogónicos, antropogónicos y aún mesiánicos"*. No sería casual constatar una feliz coincidencia entre movimientos milenaristas andinos y el movimiento pentecostal latinoamericano, por lo menos a nivel de la visión apocalíptica, incluso mesiánica. La **utopía andina** habría sido así la condición **sine qua non** había podido anidar en el Perú una vertiente contestataria y aún protestataria en la religiosidad pentecostal y en particular una escatología dispensacionalista[91] que interpreta la historia del mundo en 3, 5 o 7 grandes edades.

6. El pentecostalismo en relacion con el Movimiento ideologico latinoamericano.

Los pentecostalismos como sistema ideológico representan verdaderas alternativas conflictivas y competitivas para los sistemas ideológico-políticos, en la medida en que organizan conjuntos de prácticas sociales, unas veces promotoras del cambio social y otras más bien de "huelgas sociales", de protesta simbólica o reordenadoras de la subjetividad popular.

Las etapas de Consolidación (1930s-1949) y de Inicio de la expansión de los pentecostalismos (1950ss) coincidió significativamente con la consolidación de corrientes ideológicas nacionalistas en el Perú. Especialmente con la de los populismos después de la crisis del 29, mediante las cuales las llamadas "burguesías nacionales" (o *en* la nación), el proletariado y los campesinos hacen fuerza común para erradicar el feudalismo de las oligarquías y del imperialismo, aunque no lo hayan logrado.

Los proyectos de nacionalización, industrialización y las reformas sociales que caracterizó a los populismos, incidieron definitivamente sobre la totalidad del Campo Religioso Latinoamericano y reflejarán, en su momento, los conflictos vividos para su realización y su fracaso. Esto es así en la medida en que los agentes del Campo Religioso asumen o se identifican con un determinado proyecto-socio-histórico (el proyecto protestantismo liberal o del proyecto socialista trabajado por el grupo de pensadores asociados en el proyecto *Iglesia y Sociedad*

---

[91] Doctrina que afirma que la historia de la salvación de la humanidad pasa por 7 grandes edades, desde la edad en que se creó el mundo hasta su destrucción o redención con el retorno de Cristo y el establecimiento de su Reino milenial y eterno.

(ISAL) en América Latina, hacia 1961, recreados desde América Latina.

Durante los 60s, tuvo lugar la aparición de una conciencia nacionalista latinoamericana anti-imperialista, instaurada a partir del triunfo de la Revolución Cubana. Junto con ella tuvo lugar, también, la recomposición del sistema neo-capitalista y el resurgimiento de unos nacionalismos de corte revolucionario o guerrillero de inspiración marxista, así como el "nacimiento" de movimientos sociales de inspiración cristiana. Entre ellos, el movimiento de liberación y su consecuente filosofía y teología.

Esta recomposición vino a agudizar las contradicciones y tendencias ideológico-políticas ya existentes (aunque no públicamente manifiestas) de sectores de las iglesias evangélicas (su afinidad para con el aprismo-populista en el caso peruano)

En esa coyuntura, el pentecostalismo peruano habría asumido en extremo, una posición "confesamente apolítica" y de otro, una práctica política cada vez más clara de clientelismo político en relación con los distintos regímenes de gobierno. Quiero decir, que fueron las agudizaciones políticas externas las que habrían obligado a la religión pentecostal a quitarse la máscara de una "aparente a-politización".

No se puede negar que el pentecostalismo en esta coyuntura pagó el "precio del noviciado" cayendo en el juego del "clientelismo político/religioso" y la constantinización. (esto último se vió claramente en el Perú de los 90s, con la participación de algunos representantes evangélicos que apoyaron la gestión del Ing. Alberto Fujimori, ex presidente del Perú. En Chile, pasó lo mismo con la Confraternidad de Pastores que apoyó al General Pinochet.

La **ideología política** anti-comunista insuflada por el misionerismo norteamericano bajo la plataforma de "Cruzada escatológica", tuvo la virtud no calculada de clarificar posiciones y proyectos socio-históricos al interior de los pentecostalismos nacionales.

La resistencia de muchos pentecostales a participar de **organismos**

eclesiales continentales como CLAI y CONELA[92], a la vez que signos de sabiduría y protesta popular, representa la búsqueda del fortalecimiento de una conciencia política propia, signada por ejemplo en la agrupación política formada por pentecostales para participar en las elecciones del 90 llamada "Unión Renovadora del Perú" (UREP) o PERU al revés. Esos organismos continentales, como sabemos, representaban tendencias y opciones ideológico-políticas divergentes; la primera (CLAI) de tendencia socialista y la segunda (CONELA) subsidiaria de proyecto capitalista.

Hoy por hoy, el pentecostalismo latinoamericano como cualquier otro movimiento religioso de masas, se encuentra **escindido políticamente** en tres flancos:

- En su **sistema ideológico y cosmovisional,** por un milenarismo apocalíptico y estacionario.
- En su **práctica evangelizadora y pastoral,** pese al ideal de una "misión integral" terminó siendo integrista.
- En su **esperanza y utopía socio-religiosa**, que oscila entre la huelga social, la contestación y la protesta radical de camino a la construcción de una identidad.

La Teología Latinoamericana de la Liberación representa, por eso, de alguna manera, para sectores del pentecostalismo "protestatario", una posibilidad teórica para su realización como sujetos protagonistas de la historia latinoamericana[93]

La espiritualidad pentecostal y la espiritualidad de la liberación se complementan, se necesitan y coinciden en el único y complejo sujeto colectivo: el pueblo oprimido, las clases populares.

---

[92] Consejo Latinoamericano de Iglesias y Confraternidad Evangélica Latinoamericana, dos entidades continentales que agrupan Denominaciones Evangélicas bajo el signo de proyectos misioneros de distinta orientación religiosa y política. El CLAI de orientación más afín a la izquierda política y CONELA afín con la derecha política.
[93] La Teología Latinoamericana pasa ahora por la preocupación por una teología de la mujer así como las relaciones entre Teología y Economía

V. HACIA UNA DIVISION DEL TRABAJO RELIGIOSO: LA FUNCION DE LAS IGLESIAS Y DE LAS DISIDENCIAS RELIGIOSAS

El problema que nos ocupa se plantea en los siguientes términos:

¿Cuál es la función de la "iglesia" y cuál el de las "disidencias religiosas" en la forja de un proyecto nacional?

1. La eclesiología dinámica: iglesia y disidencia religiosa

Seguramente la distinción entre "Iglesia" y "Disidencia religiosa", no es teológicamente exacta porque desde una eclesiología dinámica **"Iglesia"** llega a ser "un término analógico que cubre una multitud de diferentes instancias" (y prácticas) en la que cabría también las prácticas de las disidencias religiosas. (Sólo cabrían dentro, sin embargo, en la medida en que vivan la obediencia de la fe según el evangelio de Jesucristo.)

Según esta eclesiología, las disidencias religiosas son **"condensaciones históricas, ligadas al tiempo y al espacio, de una lucha por confesar a Cristo significativamente"** y las diversas "formaciones eclesiales" -inclúyase las que llamamos "disidencias religiosas"- auténticamente "eclesiales" tanto como una iglesia denominacional, nacional o local[94]

Por eso, la distinción entre iglesia y disidencia religiosa aquí es más bien de índole sociológica. Las "disidencias religiosas" constituyen "asociaciones voluntarias de miembros cuya pertenencia al grupo se define por la adopción de prácticas y valores que se oponen o niegan los valores religiosos y sociales dominantes"[95]

En el caso peruano, los pentecostales serían, por ejemplo, disidentes

---

[94] Michael Hill, *Sociología de la Religión*. Madrid: Cristiandad, 1976:70-75
[95] Jean Pierre Bastián, *Protestantismo y Sociedad en México*. México: CUPSA, 1983:10

religiosos respecto del catolicismo romano y del protestantismo manifiestamente ligado a la Reforma Protestante oficial del siglo XVI. Tres cosas caracterizan a las disidencias religiosas[96]

- *Reclutan sus miembros de entre los sectores populares*, en particular en las barriadas o zonas suburbanas, en las zonas rurales donde tradicionalmente hubo poca presencia de organización católica, y en los grupos indígenas.
- *Son sociológicamente "sectas"*, es decir, cortes de la sociedad religiosa que tiene el monopolio de la producción y distribución de las prácticas y creencias religiosas.
- *Su contenido ideológico está fuertemente connotado por imágenes y símbolos apocalípticos y milenaristas* que aluden al fin del mundo y a la segunda venida inminente de Cristo (en el caso de aquellas disidencias de rostro más religioso), o a cambios radicales violentos (en el caso de las disidencias de rostro más bien político).

Como sabemos, **la iglesia** es, sociológicamente hablando, una organización religiosa de alcance, carácter y autovaloración universal. Se la llama "universal" tanto por la amplia variedad de grupos sociales que la integran, como por la diversidad de tendencias que acoge, incluida la más radical, como pudieron ser los movimientos liberacionistas dentro del catolicismo romano. Desde ese punto de vista, en América Latina sólo el catolicismo romano y algunos protestantismos podrían ser incluidos en la categoría sociológica de "Iglesia", aun cuando puede darse el caso curioso de "no llegar a ser teológicamente Iglesia" en tanto no sean fieles al evangelio de Jesucristo de liberar a los hombres de las estructuras que lo oprimen (Lucas:18-19ss)

- *Otro rasgo característico de las disidencias religiosas es la proximidad y/o distanciamiento respecto del espíritu (carisma)* tal como lo ha sugerido M. Weber. Es a partir de esa relación o experiencia de una presencia inmediata del espíritu, que la disidencia religiosa logra su cohesión interna. Su proximidad a lo sagrado "espiritual" (carisma) se constituye así en una de las más impor-

---

[96] *ibid:* 10-11

tantes fuentes de sus orígenes. En la *Iglesia*, en cambio, la cohesión de grupo descansa mayormente en unos medios institucionalizados, y la unidad de la estructura exige la creación de vínculos legalistas menos carismáticos. Se da, pues, en la Iglesia, una sensación de distanciamiento del *carisma* que consolida no solo una estructura organizadora más *institucional*, sino que también la autoridad religiosa no es proclamada como conferida directamente por la divinidad, sino como delegada (mediada) por la comunidad religiosa, por la vía electoral o democrática.

Con estas precisiones mínimas, podemos formular nuestra hipótesis, respecto de la función de los grupos religiosos, en la forja de un proyecto nacional, desde 2 instancias eclesiales: desde la Iglesia y desde las disidencias religiosas.

2. La funcion social y simbolica de la iglesia

Desde el punto de vista de los procesos políticos:

1. La "Iglesia" no debería plasmar o encarnar programáticamente ningún proyecto nacional en la forma de un programa socio-político pues ese rol corresponde fundamentalmente a los grupos sociales organizados y a los partidos políticos. Esas instancias constituyen los canales del aparato del Estado establecidos para ese fin o son asumidos por las disidencias religiosas que "se encargan generalmente de aglutinar y fomentar el elemento religioso revolucionario"[97]

Esto no significa que la Iglesia no se inspire en algún proyecto o no se apoye en modo alguno un determinado proyecto nacional[98] Por el contrario, **su misión solo se verifica en la promoción de valores**

---

[97] Michael Hill, *op. cit*: 100.
[98] Hay 4 condiciones para que exista un verdadero proyecto nacional, según el historiador peruano Pablo Macera: 1) debe integrar diversidad de intereses y ser representativa de la totalidad de la población de un país, 2) implica una noción de territorio o espacio social más o menos amplio e inclusivo de los diversos grupos humanos localizados en diversas regiones, 3) en el caso de haber dos o más proyectos en pugna, ha de preferirse a) el más representativo de la totalidad de los grupos humanos, b) el que sea realizable en un período más breve, c) el que implique menor costo social, 4) implica una utopía, una visión de futuro.

temporales como un signo o anticipo del Reino de Dios en la Tierra. Como bien ha dicho Lucio Gera:

"La misión de la Iglesia es la implantación de la fe en el mundo mediante la proclamación del evangelio y la promoción del hombre en el ámbito de los valores temporales". De ese modo, "al cumplir su tarea de implantar la fe, la Iglesia promueve los valores temporales y, al hacer lo segundo, lo realiza en vista de la fe[99]

José Míguez Bonino, por su parte, señala que:

La contribución de la Iglesia Protestante a la forja de un proyecto nacional, debe verse "básicamente en el campo de la definición promoción e introyección de valores y no el de la formulación de ideologías o creación de instituciones políticas"[100]

En la medida que la Iglesia es parte de una formación social más amplia, de hecho, puede y debe participar con otras fuerzas de la sociedad civil en la promoción de un Proyecto de Nación. Esto es posible en razón de que la Iglesia como institución, goza del reconocimiento y la legitimación de la sociedad civil y política.

No pasa lo mismo con las disidencias religiosas. El peso político de una minoría, por más profética que sea, no es suficiente como para movilizar comportamientos de la población de una sociedad compleja, en la dirección de un Proyecto de Nación en el que las diversas "nacionalidades" organicen en común el bienestar social

2. Desde una probable **división del trabajo religioso,** le correspondería a *la Iglesia* una función integradora o de legitimación y a las disidencias religiosas un papel *subversivo* respecto no solo del orden religioso establecido en un determinado Campo Religioso, sino también respecto del orden social.

---

[99] Lucio Gera, *"Fundamentaciones teológicas de la acción por la Justicia y la Paz",* citado por J. Míguez Bonino, *La fe en busca de eficacia.* Salamanca: sígueme, 1977:3

[100] José Míguez Bonino, en Varios, *Protestantismo y Liberalismo.* Costa Rica: DEI, 19 :32

En efecto, en las sociedades menos complejas, las Iglesias manifiestan una **tendencia** al ejercicio de una función social de **legitimación y de conservación del orden establecido**. En otras palabras, la práctica religiosa, de la Iglesia "cimienta la unidad societal al ofrecerse a ella como su centro de cohesión y su principio divino de legitimidad"[101] Deviene modelo de sociedad y se hace *substitutoria* de la práctica social. El planteamiento es confirmado por un intérprete ligado a la Iglesia como el sociólogo católico Juan Carlos Cortázar, profesor en la Pontificia Universidad Católica del Perú, para quien la función de la iglesia católica en el Perú es más bien contestataria. Cortázar dice que:

> "A medida que las sociedades crecen y se hacen más complejas, **las Iglesias** tienden generalmente a cumplir una función contestataria, esto es, un "cuestionamiento desde el interior" de la sociedad, pero sin transformarla radicalmente. Procura, de ese modo, una reforma de la sociedad, pero no su cambio[102].

Tanto es así que en, el proceso social, la Iglesia solo pasa de su función *conservadora* y *legitimadora* del orden establecido al de reforma de la estructura social, sólo en cuanto vea amenazada su propia subsistencia o vea peligrar su status y tendencia universal.

En cualquiera de los casos, el centro es la Iglesia y no la organización ni el cambio social.

Esta **acomodación** entra en conflicto con su aspiración a ser "Conciencia de la Nación", cual es la de realizar los 3 grandes ideales proféticos del cristianismo: a) ser voz profética de denuncia de situaciones y relaciones de injusticia social, b) crítica del pecado de los hombres y de la corrupción institucional y c) ser anunciadora de esperanza en situaciones de fatalidad y muerte.

Desde el punto de vista político, son, las *relaciones de transacción*

---

[101] Christian Lalive D Epinay, *Religión e Ideología en una perspectiva sociológica.* Barcelona: Seminario Evangélico de Puerto Rico, 1973:34
[102] Notas de clase del curso sociología de la religión., Pontificia Universidad Católica del Perú. 1989.

entre el apartado del Estado y la Jerarquía eclesial, las que impiden una realización fluida de esos 3 ideales: Estos ideales son asumidos oportunamente por las disidencias religiosas tan necesitadas de fortaleza, crecimiento y legitimación en la sociedad civil.

La única forma que tiene la Iglesia de librarse de una acomodación subjetiva en la sociedad civil y política, es haciendo de los pobres, las clases populares, el referente "externo", intersubjetivo, de control evangélico y misional.

La búsqueda de un restablecimiento de la justicia social para los más pobres, es el criterio bíblico a partir del cual la Iglesia deberá y podrá apoyar institucionalmente proyectos nacionales y llegar a ser verdaderamente conciencia de la Nación.

Por su fuerza institucional, la Iglesia podría ser, además, posibilitadora y/o canalizadora de la movilización popular hacia el cambio social. En el Perú, en opinión del antropólogo ayacuchano Manuel Jesús Granados, la Iglesia (católica) podría haber sido "uno de los mecanismos para neutralizar la violencia" articulada por Sendero Luminoso[103]. Sin embargo, su posición de privilegio en la estructura social peruana, la incapacita para esa función, ya que toda acción violenta contra el orden social es sufrida por ella como una forma de violencia de lo sagrado. La Iglesia, es por naturaleza, la institucionalización de la administración de lo Sagrado como experiencia de Salvación. Tal es su fuerza, tal su desgracia.

Cualquier otra "práctica de Salvación" -sea esta de orden estrictamente religioso o social- será visto por la Iglesia como una apropiación violenta del monopolio del poder simbólico, o como usurpación de su privilegio administrativo sobre las experiencias de Salvación. En el fondo, la Iglesia Católica Oficial nunca desistió del principio dogmático: *Extra eclesia nulla salus*: "Fuera de la Iglesia (católica) no hay Salvación".

Esta es, eclesiológicamente hablando, la razón de ser del proyecto de

---

[103] Manuel Jesús Granados, "Sí, Señores, esto es Sendero", *Diario La República*, 12 de Marzo de 1989:15

Cristiandad y Nueva Cristiandad: El **Proyecto de Cristiandad** fue la cristalización de una nueva humanidad presente ya en la historia, traída y hecha posible mediante la Iglesia Institucional como agente privilegiado del Reino de los Cielos aquí en la Tierra y como "rectora" del destino de los hombres.

Para la Iglesia un proyecto nacional será legítimo en la medida que ese proyecto pase en lo religioso por la construcción de una Nación Católica[104]. Toda otra forma de religiosidad, como la andina, por ejemplo, libre de la aculturación cristiana, no solo es censurada como "paganismo" sino como "no representativa de un legítimo proyecto nacional".

El argumento de que hoy por hoy, -dadas las condiciones de transformación y coexistencia de culturas en el suelo peruano- es impensable una "Iglesia auténticamente andina" porque representaría una visión romántica de la cultura[105], no es sino una refinada forma de idealización del cristianismo como articulador simbólico de utopías de salvación. De donde la inculturación, y evangelización católica, es vista como una necesidad y como una tarea a ser refinada hoy[106]

Tal es la función social y simbólica de la Iglesia en el Perú y al mismo tiempo tal las condiciones para el resurgimiento, fortaleza y propagación de las *disidencias religiosas*.

3. El papel inevitablemente "radical" o "subversivo" de las disidencias religiosas

El surgimiento de movimientos milenaristas y mesiánicos en el Perú, es un fenómeno que acompaña a los procesos de inculturación desde la conquista y colonización española, hasta las nuevas formas de coloniaje en el presente.

---

[104] Manuel Marzal, *El Sincretismo Iberoamericano*. Lima: PUCP, 1988:124
[105] Rodrigo Sánchez, "La teoría de lo andino y el campesinado de Hoy", *Allpanchis*. *Año XII*, Vol. XVII, Nro. 20 (Cusco 1982): 255
[106] M. Marzal, *op. cit*: 216

Una comprensión de su naturaleza, organización y producción simbólica, solo es posible teniendo como "telón de fondo" los diferentes intentos de colonización ideológica.

Movimientos disidentes como el *Taki Ongoy* ("la enfermedad del canto") que se dejaron sentir fuertemente en la década de 1560-1570 en la región de Ayacucho, Perú, son un caso típico de protesta socio-religiosa, y representan la oposición radical entre el mundo español y mundo indio.

De ese modo, si "con la Conquista los indios han llegado a encontrarse en posición de **hunin** (bajo) mientras los españoles en la de **hanan** (alto), con la victoria de las **huacas** sobre el Dios Cristiano, se daba la vuelta al mundo... y la situación sería invertida: **hanan** los indios, **hunin** los españoles"[107]

Los Taki Ongoy o mensajeros de las huacas, decían que

> Cuando Pizarro entro a Cajamarca venciendo a los indios, la empresa le resultó posible gracias a la victoria de Dios sobre las **huacas**. Ahora el mundo se volvía de cabeza: las huacas estaban a punto de vencer a su vez a Dios y, como contragolpe terreno, los españoles serían definitivamente arrasados y el mar sumergiría sus ciudades, borrando hasta su recuerdo...Las huacas, además, habían sembrado en muchos campos gusanos que comerían el corazón de los españoles y su ganado, como también a los indios que habían abrazado el cristianismo...Estos últimos para salvarse debían volver a las prácticas religiosas tradicionales renegando de la fe católica y renunciando a los nombres recibidos en el bautismo[108]

Se trataba pues de una forma de resistencia ideológica propia de un pueblo oprimido. Este movimiento, sin embargo, no fue liquidado con la campaña de "extirpación de idolatrías" de la Corona e Iglesia

---

[107] Marco Curatola, "Mito y Milenarismo en los Andes: Del Taki Ongoy a Incarrí", *Allpanchis Vol. X* (Cusco 1977): 79
[108] *Ibid.*

españolas. Ha subsistido, de muchas formas, entre ellas como ideologías mesiánicas y grupos de corte político y seculares mediante ciertas formas de religiosidad popular católicas y protestantes.

De cara ya al cambio social, las disidencias religiosas articulan su protesta de tres modos:

- La **huelga** religiosa que se puede acompañar de una social;
- La **coexistencia** que puede ser no-pacífica, como las cruzadas; o pacífica, como ciertas formas de ecumenismos o aún que pueden tener cierto parecido con la "guerra fría" tal como la competencia proselitista en ciertos campos de misión; y
- La **rebeldía** que llegar ser social y que depende de una protesta religiosa radical[109]

En el Perú hay tres grupos protestatarios que podrían haber representado cada uno y respectivamente a su modo, un grado de protesta social. Ellos son 1) un gran sector del pentecostalismo peruanizado, 2) la misión Israelita del Nuevo Pacto Universal y 3) grupos "subversivos" de rostro más bien político como Sendero Luminoso.

Cada una de estas formas de disidencia respecto de los poderes establecidos, teniendo una base común milenarista, constituyen tres articulaciones e historizaciones de proyectos nacionales en pugna; pero debido a razones de conflicto social, a sus ideologías congeladas o dogmáticas no siempre han logrado movilizar el acompañamiento de la sociedad.

Según Norman Cohn[110] "se define como "milenarista" todo movimiento religioso en que la salvación se presente con estos rasgos:

a. **Colectiva,** en el sentido de que a ella están destinados todos los creyentes como grupo;
b. **Terrena**, en el sentido de que se realizará en la tierra, más que en el cielo.

---

[109] Christian Lalive D Epinay, *Religión e ideología*: 35
[110] Norman Cohn, *The Pursuit of the Milenium*. Londres, 1970: 259, citado por Hill, *op.cit.* nota 16

c. **Inminente,** pues se espera que llegue pronto y repentinamente.
d. **Total** (radical) ya que transformará por completo la vida sobre la tierra y significará un perfeccionamiento absoluto y no sólo una mejoría simple.
e. **Milagrosa**, en el sentido de que se hará realidad gracias a la intervención o a la ayuda de agentes sobrenaturales.

Cabría agregar a la definición de Cohn, una característica más:

f. **Utópica,** en el sentido de ser producida por la imaginación colectiva como un mundo social, diferente, capaz de responder en la plenitud posible, a los sueños y aspiraciones negados en la vida cotidiana y terrestre.

Es precisamente la utopía de un reino futuro, de un estado de paz y justicia, de fraternidad universal y de bienestar general, lo que permite a las disidencias religiosas encarnar, promover y acompañar, o negar u oponerse, a determinados proyectos políticos en la medida que entienden que vehiculizan o neutralizan la realización de sus sueños y nobles aspiraciones para la humanidad.

CAPITULO III
PENTECOSTALISMO Y UNIDAD DE LA IGLESIA

La hipótesis que sostendré aquí es que el pentecostalismo en la medida que sea una manifestación de un movimiento del Espíritu, está vocacionado para la unidad de la iglesia. Que esta unidad se puede expresar históricamente en movimientos religiosos relativamente autónomos y absolutamente variados como los pentecostalismos en América, Europa, África o Asia o en cualquier otra parte del hemisferio, confundiéndose con expresiones concretas, iglesias, movimientos religiosos, "sectas" y agrupaciones religiosas.
Discutiremos inmediatamente, la categoría inclusiva de la "pentecostalidad" y la relación entre Pluralismo Religioso y el Ecumenismo.

I. PENTECOSTALISMO Y "ECUMENISMO DEL ESPÍRITU"

Lo dicho significaría que en el caso del pentecostalismo estaríamos principalmente ante un "movimiento del Espíritu" que genera a la iglesia y no al revés, como se ha pretendido, ante una iglesia que genera a un movimiento como podría ser el movimiento del Espíritu, el movimiento por la unidad de la iglesia o simplemente el salvacionismo al cual se ha reducido al pentecostalismo como expresión histórica.

Es decir, que abordar **el pentecostalismo** en términos de una iglesia, una secta o una formación social es equivocar el objeto fundamental o, en el mejor de los casos, limitarlo a una de sus configuraciones históricas. Sería como reducirlo sectariamente a una entidad particular, cuando se trata precisamente de un "movimiento espiritual" mucho más hondo y más complejo que sus expresiones históricas propiamente dichas. Esas expresiones históricas pueden ser los pentecostalismos, o las manifestaciones carismáticas al interior de configuraciones religiosas típicamente no-pentecostales[111].

II. EL PROBLEMA DE CUAL PENTECOSTALISMO

La primera dificultad con la que uno tropieza al empezar a debatir el difícil y apasionante tema de la unidad de la Iglesia, es la del sujeto que interpreta y que propugna la unidad.

Saber de cuál pentecostalismo hablamos, cuando hablamos del pentecostalismo[112], es precisamente un problema fundamental en la discusión y en las investigaciones de *lo* pentecostal.

Yo diferenciaría por lo menos cuatro **tendencias** básicas en el pentecostalismo latinoamericano:

a. EL *PENTECOSTALISMO DE EXPANSIÓN INTERNACIONAL*, con fuerte influencia del fundamentalismo americano;
b. EL *PENTECOSTALISMO DE RAIGAMBRE NACIONAL*, en abierta diferenciación del fundamentalismo norteamericano;
c. EL *NEO-PENTECOSTALISMO* más cercano al catolicismo que al protestantismo evangélico, pero todavía oscilante e indefinido; y

---

[111] Cf. mi artículo "*En la fuerza del Espíritu: Pentecostalismo, Teología y Ética Social*" que será publicado por la Asociación de Iglesias Presbiterianas y Reformadas de América Latina (AIPRAL) 1995, como parte del diálogo entre reformados y pentecostales. He sugerido una diferencia entre Pentecostalismo y Pentecostalidad en, Carmelo Álvarez (de*), Pentecostalismo y Liberación. Una experiencia Latinoamericana*. Costa Rica : DEI, 1992 : 125-146

[112] Jean Pierre Bastián distingue entre los "pentecostalismos urbanos" y los "sincretismos pentecostales rurales", en Protestantismos y Modernidad latinoamericana. Historia de unas minorías religiosas latinoamericanas activas en América Latina. México: FCE, 1994:248-258. Desde el punto de vista histórico, en América Latina, se habla de tres olas o de tres arroyos y un río: el movimiento de santificación, el pentecostalismo clásico y el neo-pentecostalismo o tercera ola. Cf. Pablo A. Deiros-Carlos Mraida, *Latinoamérica en Llamas*. Miami: Caribe, 1994

d. LOS "*MOVIMIENTOS DE CURA DIVINA*"[113] a los cuales denominaré "*ISO-PENTECOSTALISMOS*", por estar en sintonía con algunas cualidades del pentecostalismo clásico, pero cuya identidad, aún en proceso de desarrollo, parece ser de naturaleza distinta.

Poco a poco la tesis de que los pentecostalismos no son sino entidades de *un catolicismo transformado*[114] va siendo más aceptada. Ello exige hablar de las diversas **raíces** que hacen a las identidades religiosas, tales como **raíces católicas** del pentecostalismo, **raíces protestantes** (luteranas, calvinistas, anabaptistas) del pentecostalismo, **raíces culturales** del pentecostalismo (andinas, rioplatenses, afrobrasileñas, etc.) **raíces (o más bien influencias) semíticas** del pentecostalismo (por su literalización del Antiguo Testamento con la que hace sintonía en su ritualidad), etc., creando así un nuevo espectro socio-religioso de la identidad cristiana ya de por sí compleja y sincrética.

Hoy resulta confuso hablar en general del *pentecostalismo* como si se tratara de una realidad homogénea e indivisa. Es cierto que, visto en el conjunto de los actores sociales que conforman el Campo Religioso Latinoamericano, el pentecostalismo aparece como un "bloque histórico" o como siendo un sujeto más o menos identificable --por negación-- de los demás sujetos sociales, como son el catolicismo, el protestantismo, los nuevos movimientos religiosos y las religiones aborígenes. Puesto así, en bruto, el pentecostalismo aparece como una unidad, aunque sea confusa, indefinida y multiforme, pero una unidad al fin. Lo mismo podría decirse del catolicismo, del protestantismo y de las otras agrupaciones religiosas que son altamente complejas y heterogéneas.

Por tal razón algunos intérpretes han querido dar cuenta de la heterogeneidad, complejidad y variedad de los sujetos, refiriéndose a ellos

---

[113] Antonio G. Mendonça, "Evolução historica e configuração atual do protestantismo no Brasil", en A. G. Mendonça- Prócoro Velasques Filho, *Introdução ao Protestantismo no Brasil*. Sao Paulo, Brasil: Ediçoes Loyola, 1990: 11-59.

[114] Jean Pierre Bastián estudia los pentecostalismos como mutaciones del catolicismo Cf. *Protestantismo y Modernidad Latinoamericana. Historia de unas minorías religiosas activas en América Latina*. México: Fondo de Cultura Económica, 1994: 222ss, 246-278.

en plural, como pentecostalismos, catolicismos, protestantismos, nuevos movimientos religiosos, o bien como sincretismos religiosos.

Tal apreciación, aunque ayuda, no resuelve el problema de saber de cuál pentecostalismo hablamos cuando hablamos de los pentecostalismos. El tema es saber si es posible diferenciarlos o definirlos, es decir, de si es posible configurar sus contornos para establecer su identidad por afirmación de su ser y por negación de su no ser.

Es posible, creo, configurar un espectro más o menos visible de sus matices más fuertes (o énfasis) como para poder avanzar en la aplicación al tema de la unidad.

En lo que sigue, procuraremos establecer una tipología de la variedad de los pentecostalismos para referirnos a ellos con propiedad y entrar de lleno en el tema que nos ocupa y que lo traza horizontal y verticalmente: el de la unidad y de hasta qué punto los pentecostalismos contribuyen a la unidad de la Iglesia o la entorpecen. Para abordar el tema usaremos una categoría nueva que creo nos ayudará y nos facilitará la discusión del tema. Se trata de la categoría "*pentecostalidad*" como experiencia universal que expresa el acontecimiento de pentecostés en calidad de principio ordenador de la vida de aquellos que se identifican con el avivamiento pentecostal.

III. EL PROBLEMA DE CUAL ECUMENISMO [115]

No existe un modelo de ecumenismo sino muchos y en diversas direcciones, pero el problema fundamental de la causa ecuménica es la Unidad del Pueblo de Dios y a partir de ella, aunque no desde ella, de la unidad del género humano hasta su reconciliación con Cristo. Relacionar ecumenismo y pentecostalismo, nos pone de cara a una entidad también difícil de abordar, cual es el del complejo tema de la di-

---

[115] Para una discusión sobre las distintas propuestas o modelos de ecumenismo, véase entre otros: Julio De Santa Ana, *Ecumenismo y Liberación*. Madrid: Paulinas, 1987: especialmente II. División y propuestas de unidad entre los cristianos: 69ss.; Bernard Lambert, *El Problema Ecuménico*. Madrid: Guadarrama, 1963.

visión de la iglesia y sus consecuencias para la naturaleza y composición de La Iglesia universal. Nos referiremos aquí a la unidad de la Iglesia en tanto es al mismo tiempo invisible y visible, potencia y acto, realidad y promesa.

Uno podría resolver el problema, de buenas a primeras, diciendo que los pentecostales apostamos por "la unidad del espíritu" o que en lugar de estar impulsados por "un espíritu ecuménico" (que lleva en sí mismo la crítica a los otros esfuerzos ecuménicos como nada más que ecuménicos) nos sentimos impulsados por "**un ecumenismo del espíritu**" que se abre a la acción del Espíritu y busca superar las limitaciones humanas. Pero la cosa es mucho más compleja.

La sola afirmación tiene la dificultad de dejar fuera una serie de otros problemas anexos como el de la realidad social de la que somos parte, de los conflictos que nos unen y de la apelación de los "no-pentecostales" a la misma "unidad del espíritu" y al mismo "ecumenismo del espíritu" o unidad espiritual de la que participamos todos aquellos que nos sentimos parte de la iglesia.

Entendemos que la afirmación de un "ecumenismo del espíritu" no es gratuita, porque deja constancia de una realidad insoslayable del ecumenismo mundial y latinoamericano. Sus taras, sus problemas, sus complejos, sus patinadas y sus ánimos que no siempre fueron impulsados por un espíritu de unidad, sino que se mezclaron con intereses particulares, humanos, muy humanos, y que se ubicaron a contramarcha ante los vientos del Espíritu que soplaba en otra dirección.

Nosotros no tenemos ninguna duda acerca del mandato de Jesucristo a ser Uno como Él es uno con el Padre y que éste debe realizarse "desde abajo", en la historia concreta de los hombres. Digámoslo de una vez. Creemos que un esfuerzo como el Consejo Latinoamericano de Iglesias, CLAI, es un esfuerzo humilde, todavía sesgado por líderes de las iglesias históricas que en el pasado se reservaron el derecho de decidir quiénes y cuándo entraban a "su" movimiento a aquellos que consideraban protestantes legítimos y no "sectas" como los pentecostales llegados a América Latina, pero, así y todo, el CLAI es el único esfuerzo serio por la unidad de la iglesia desde América Latina en el cual creemos, al cual queremos y por el cual oramos, sin hipotecarnos a él.

El problema se presenta cuando uno mira la unidad desde aquellos que la buscan (o que la impiden), pues quién no sabe que precisamente uno de los problemas que se ha planteado el movimiento ecuménico en América Latina es si los pentecostales apuestan de veras y con sinceridad a la unidad de la iglesia y si no estarían precisamente en contra de ella, "por su marcado sectarismo", por la realidad de sus constantes divisiones internas, al punto que ha llegado a ser casi una patología para el movimiento ecuménico.

El Encuentro Pentecostal Latinoamericano (EPLA), que no pretende ni puede jamás reemplazar al CLAI, quiere ser un esfuerzo legítimo de los propios pentecostales por aportar a la Unidad de la Iglesia desde América Latina[116]. Constituye, a mi juicio, un signo alentador de la participación de un sector de los pentecostalismos en el movimiento por la unidad de la Iglesia, y una condición política desde la cual los pentecostales nos sentimos con derecho a asumir --en el marco del CLAI[117] -- varios temas íntimamente relacionados como son el de la unidad de la iglesia, la unidad de América Latina, la unidad entre los pueblos y hasta la unidad del género humano, en la perspectiva del mandato de Jesucristo. Como todo esfuerzo puede tener sus limitaciones, pero no mirar la iniciativa por mirar a sus promotores, me parece una intencionalidad política y una falta de respeto a los pentecostales que nos sentimos convocados por la acción del Espíritu, como si nosotros fuéramos sujetos pasivos y sin voluntad ni iniciativa.

Pero es sólo ahora, después de este esfuerzo concreto, el EPLA, que políticamente podemos hablar, en el marco del CLAI, del tema de la unidad y hacer interlocución con todos los demás hermanos que propugnan la unidad.

---

[116] Una visión global sobre las relaciones entre Pentecostalismo y Ecumenismo y sobre el diálogo entre católicos y pentecostales, puede verse en Cecil M. Robeck, Jr., *Pentecostals and Ecumenism. An Expanding Frontier* (Zurich Paper), 1994. Cf. la referencia a CLAI, EPLA y WCC en pp. 26-36.

[117] Para una información rápida sobre la presencia y aporte pentecostal al movimiento ecuménico cf. Dafne Sabanes Plou, *Caminos de Unidad: Itinerario del Diálogo Ecuménico en América Latina 1916-1991*: 59-65.

La pregunta que sugiero para seguir con el debate sobre la unidad nuestras reflexiones es la siguiente:

¿Pueden los pentecostales decir algo de la unidad de la iglesia si permanentemente se están dividiendo?

Quiero partir de la premisa de que, pese a sus divisiones internas -o tal vez a causa de éstas- los pentecostales tienen, quizá más que otros, la responsabilidad de apostar a la unidad de la Iglesia y trabajar por la unidad del género humano.

La pretensión de ser voceros o portavoces de la unidad, les viene de su propia identidad, pues la vocación pentecostal universal, que yo llamaré "**pentecostalidad**", para diferenciarla de los pentecostalismos como sus historizaciones, los obliga a referirse eternamente al acontecimiento fundante que es PENTECOSTES, signo y anticipo de la gran comunidad universal hecha posible por la Resurrección de Jesucristo. Pentecostés es la oposición definitiva y última a la amenaza de Babel, como regreso al caos y a la división irreconciliable de toda clase, lengua, género y etnia. Ser pentecostal implica por necesidad ser ecuménico.

Pero ¿por qué los pentecostales en América Latina tendemos a no ser ecuménicos?

Voy a sugerir algunas líneas de interpretación, que espero no sean una justificación, pero sí una explicación del sentir pentecostal del proyecto ecuménico latinoamericano

IV. PENTECOSTALISMO Y ECUMENISMO: TRES ETAPAS DE UN CAMINAR DUBITATIVO

Al reflexionar sobre la vida y misión de la iglesia en América Latina, partimos de una realidad concreta y objetiva. La existencia de una profunda división y antagonismo entre los tres actores religiosos fundamentales del continente: el catolicismo romano, el protestantismo y el pentecostalismo. A ellos se le sumó, en las décadas del sesenta y setenta, una cantidad de Nuevos Movimientos Religiosos que crearon en los fieles una confusión insalvable, pero involuntariamente también la posibilidad de un libre ejercicio de la libertad religiosa en el Continente.

Por su orden histórico de inserción, cada uno de estos actores fundamentales del campo religioso, se configuró como sujeto diferenciado, aun cuando proceden de la misma tradición confesional, es decir, provienen de la misma raíz cristiana.

Con el ingreso de los protestantismos y de los pentecostalismos a la América Latina conquistada por España y el catolicismo, se estableció en el campo religioso latinoamericano una relación de *conflicto*[118] por la oferta y demanda de los bienes simbólicos de salvación, obligando a los fieles a optar por una u otra práctica confesional y también por otros universos simbólicos no cristianos.

Pero *la contradicción principal* se estableció entre el protestantismo y el catolicismo romano, ya que este último reclama para sí el derecho a la hegemonía religiosa sobre América Latina como campo de misión.

En esa relación, yo quiero mostrar cómo se sitúa el pentecostal común y el pentecostal medianamente ilustrado en relación al catolicismo latinoamericano

La distinción tiene validez porque distingue entre lo que sería "un juicio de los "líderes de opinión pentecostales" y la "opinión del pentecostal común". Permite, además, una interpretación histórica de las mentalidades pentecostales a propósito de los distintos proyectos eclesiales existentes en América Latina.

---

[118] El estudio del Dr. José Míguez Bonino sobre Conflicto y Unidad en la Iglesia. San José, Costa Rica: SEBILA, 1992 es importantísimo a este respecto porque ensaya una nueva categoría (la del conflicto) para entender la búsqueda de unidad en América Latina, más allá de todo romanticismo, en la dialéctica permanente de la unidad y la división.

Podríamos arriesgar la hipótesis que las mentalidades pentecostales experimentaron, de cara al catolicismo latinoamericano, una evolución histórica progresiva de *rechazo, asimilación y distancia.*

La historia de estas mentalidades puede seguirse a través de tres grandes etapas:

1) El Pentecostalismo de Implantación (1909-1930)
2) El Pentecostalismo de fermentación para la cruzada, o su consolidación (1930-1959)
3) El Pentecostalismo de expansión, o su constantinización (1960-2017ss)

PRIMERA ETAPA: EL PENTECOSTALISMO DE IMPLANTACIÓN (1909-1930ss)

El pentecostalismo de implantación, de orientación apologética, se situó *frente al* catolicismo como Anti-romanista.

En su crítica al "Romanismo" los primeros pentecostales no distinguían tendencias en el catolicismo romano, no sólo por ignorarlas, sino porque el propio catolicismo se presentaba como un sólo bloque. Incluso en diversos países de A.L. las tendencias del catolicismo romano no estaban bien definidas. En la cosmovisión pentecostal "paganismo" era, para el pentecostal tradicional, sinónimo de catolicismo.

Su *visión paganizadora de la sociedad*, se correspondía precisamente con su "ideología de santificación". La Iglesia Católica Romana (ICR) aparecía en sus esquemas como el signo visible de la idolatría, la encarnación misma del pecado de la sociedad y se la representaba --en un concordismo bíblico-- como "la bestia del apocalipsis", "la gran ramera" o "Babilonia la grande". Toda una suerte de improperios que justificaban a la larga su evangelización.

Para el pentecostal común, sin embargo, era clarísima la relación entre el Estado y la ICR. No es de extrañar, por eso, que su negación del mundo o de la sociedad coincidiera con su abominacionismo anti-romanista. El pentecostal común identificaba, sin nombrarla, a la cristiandad católica, porque ésta se le hacía evidente entre las clases marginales donde también el pentecostalismo primitivo anidaba. A nivel popular, el pentecostal común se las tenía que ver con el catolicismo popular tradicional y competía con él, golpe a golpe, la misma cosmovisión mágico-religiosa o el mismo universo simbólico.

Hacia el fin de esta primera etapa, el pentecostalismo de implantación vería el surgimiento de la Nueva Cristiandad Católica y se constituiría, en relación a ella, en un signo de atraso en el orden cultural. Pero, a juicio propio, y alimentado por "el orgullo de los humildes" de que "a los pobres e ignorantes escogió Dios para avergonzar a los sabios", el pentecostalismo primitivo haría conciencia mesiánica y se consideraría a sí mismo como la *avanzada redentora* de América Latina, en el orden religioso.

Puesto ya en posición de repliegue cultural, situación incómoda por los demás, el pentecostalismo creciente se alineaba, por fuerza de las circunstancias con el *catolicismo popular* también rechazado por la vertiente de Nueva Cristiandad. Este hecho, más la irrupción del movimiento carismático católico (distinto en el fondo por su condición de clase), cambiarían, más adelante, la mentalidad pentecostal y le haría merecedor de un juicio distinto del catolicismo. Debía haber mientras tanto, una explicación eufemizadora de la *Devotio católica* en las profecías bíblicas: "Dios también obra entre los católicos porque dicen haber experimentado milagros", "El Espíritu sopla donde quiere", o bien, "Los demonios también tiemblan y creen"; "antes que venga el Señor, el anti-cristo hará milagros y engañará, si fuere posible aún a los escogidos: ¡cuánto más a los católicos!". Tales eran las expresiones y textos bíblicos que se decían desde los púlpitos[119].

No era frecuente en la época que los católicos leyeran la Biblia como hoy lo hacen. De haberlo sido así, hubiera cambiado decisivamente la mentalidad pentecostal, porque la Biblia juega un rol sagrado y determinante en el sistema valorativo pentecostal.

---

[119] Versiones orales recogidas por el autor en entrevistas con líderes pentecostales fundadores, hacia 1989.

Si la visión religiosa respecto del catolicismo latinoamericano cambiaba, la visión y la postura político-ideológica de los pentecostales tomaba forma y se agudizaba.

El Catolicismo de Nueva Cristiandad se le aparecía al pentecostal común y al católico tradicional, como la avanzada comunista que tanto como el misionero como el cura aseguraban ver y querían erradicar. Así, en lo religioso, se daba en el pentecostalismo un cambio de mentalidad para-tradicional, mientras que en lo ideológico se echaban las bases para una *alianza histórica no firmada* contra el catolicismo de Nueva Cristiandad.

El pentecostal común pasó muy pronto del anti-romanismo al anti-comunismo. Por otro lado, el carácter masivo del catolicismo popular y el crecimiento pentecostal cada vez mayor, los hacía converger social e ideológicamente. Pero la emergencia de la Nueva cristiandad no era el único factor integrador.

Estaba también el *protestantismo histórico* que significó para el pentecostalismo lo que la Neo-cristiandad significaba para el catolicismo popular tradicional.

Neo-cristiandad y "Protestantismo Histórico" coincidían en su proyecto liberal, en su avanzada modernista y en su novedoso diálogo ecuménico de cooperación. Ambas se competían las clases ilustradas y ambos, ensoberbecidos, iban dejando a un lado al catolicismo popular y al pentecostalismo considerándolos como proyectos ya superados y los calificaban de "sectarismo" sino de "anacronismo" en una sociedad tendiente a la secularización.

Anatematizados y bastardizados, pentecostales y católicos tradicionales, se perfilaron en reacción, como anti-ecuménicos.

Se puede decir, pues, que el proceso de la mentalidad pentecostal siguió este orden: *primero* un anti-romanismo, *segundo* un anti-comunismo y, *tercero* un anti-ecumenismo. Una posición más bien defensiva, "contestataria" y de repliegue.

- La Visión Pentecostal ***anti-romanista***, no distinguió tendencias católicas
- La visión pentecostal ***anti-comunista*** podía distinguir dos proyectos de cristiandad: Uno, de signo progresista emparentado con el protestantismo histórico y proclive al comunismo. Y otro, de carácter masivo, con quien compartía tanto su objeto de misión: el hombre común y marginal cuanto el ser objeto de vejámenes de parte de la Neo-cristiandad y del protestantismo "modernista".
- La visión pentecostal ***anti-ecuménica***, siendo una consecuencia de las dos anteriores, castraba al pentecostalismo para la participación en proyectos de liberación, y por lo mismo lo cegaba para valorar a futuro las posibilidades de la *Iglesia Popular*.

SEGUNDA ETAPA: EL PENTECOSTALISMO DE "FERMENTACIÓN" PARA LA CRUZADA, O SU CONSOLIDACIÓN (1930ss-1959)

Esta etapa es fluctuante porque vería en muchos países el estancamiento del crecimiento pentecostal en tanto que en otros recién hacía su aparición (segunda oleada coincidente con la crisis del 29) o recién empezaba a crecer. Donde se perdía en cantidad se ganaba en calidad; signo no muy bueno para algunos porque sonaba a pretexto más propio de los protestantes históricos que criticaban el *"proselitismo" pentecostal* para justificar su decrecimiento.

Una segunda generación de pentecostales, vía educación secular y por frecuentación a reuniones evangélicas no pentecostales, comenzaba a tener "aspiraciones de clase media" y tendería a imitar a las iglesias de los misioneros pentecostales.

En varios países de A.L. comenzaban simultáneamente a crearse institutos bíblicos para la formación de líderes laicos, empezaba a llegar literatura "gratuita" desde los Estados Unidos, y los líderes más destacados -pocos todavía- recibían una educación teológica en seminarios o institutos norteamericanos y otros tantos en sus respectivos países.

Esta segunda etapa verá también la llegada casi masiva de misioneros sin una clara consigna política y una mediana educación teológica para cubrir la docencia en los institutos bíblicos.

Desde la crisis económica mundial del 29 hasta la industrialización de A.L. por los 50ss, que obligó a millones de campesinos a emigrar a las ciudades, el pentecostalismo experimentará otro cambio de mentalidad. Ahora se verá a sí mismo como el "poder espiritual de los pobres del país" a quienes protestantes y católicos de nueva cristiandad no podían llegar por su situación de clase y por la orientación de sus proyectos misioneros.

Para 1940, según Damboriena, ya 1/4 del protestantismo latinoamericano era pentecostal[120] y lejos de despolitizarse -como algunos creen- el pentecostalismo latinoamericano asumía conscientemente una posición política de corte populista y más afín a la ideología del Imperio. El pentecostal común "estudiaba" ahora al catolicismo y se procuraba una comprensión más completa de él, pero para fines evangelísticos o proselitistas. "Como convertir a un católico" era más o menos el tipo de libro-manual que leía, difundía y le ayudaba a una mayor comprensión del fenómeno religioso mayoritario de A.L.

El catolicismo ya no significaba más una amenaza y mucho menos un bloque monolítico en la psicología pentecostal. Los pentecostales distinguían con mayor claridad ahora varias vertientes del catolicismo continental, pero ya no se verá como aliado condicional del catolicismo popular. Embebido de la ideología de Evangelismo a Fondo (EVAF), el pentecostalismo pasará a la ofensiva evangelizadora con una posición atestataria en lo ideológico-político.

Así, enraizado ya en la sociedad latinoamericana, el pentecostalismo

---

[120] Prudencio Damboriena, *El Protestantismo en América Latina* 2 Vols. II La situación del protestantismo en los países latinoamericanos (Estudios Socio Religiosos Latinoamericanos 13) Friburgo-Bogotá, 1963 Cf. también, Hans Jürgen Prien, *La historia del cristianismo en América Latina*. Salamanca: Sígueme, 1985: 809-848.

tomará distancia del catolicismo tradicional, aun cuando todavía comparta con él el *ethos* de la misma religiosidad popular.

TERCERA ETAPA: EL PENTECOSTALISMO EXPANSINISTA, O SU CONSTANTINIZACIÓN (1960-2017ss)

La tercera etapa está mercado por lo que podríamos llamar *la "constantinización del pentecostalismo latinoamericano y mundial"*. Guatemala y Chile significan para el pentecostalismo latinoamericano el sello de una alianza con los regímenes militares que, en la misma óptica de la Cristiandad católica, está orientada a asegurar la *"propaganda Fidei"*.

Los populismos de los 50s y 60s y la militarización de América Latina en los 70s, favorecieron grandemente la sacramentalización de los pentecostalismos, así como la generación de la "mentalidad de milicia pentecostal" en América Latina y El Caribe incluido.

En esta etapa de su historia, el pentecostalismo --como lo fuera el protestantismo en la Independencia-- será la única fuerza considerable que haga tambalear el monopolio de lo religioso del catolicismo de cristiandad y de nueva cristiandad. Chile y Brasil, en dos frentes distintos, serán los casos típicos de la "constantinización pentecostal" en los que la ICR se vio precisada a emprender acciones destinadas a contrarrestarla, y donde los Estados no han perdido la ocasión para el clientelismo político[121].

---

[121] Para el caso chileno Cf. Humberto Lagos Schuffeneger, *La Función de las Minorías Religiosas: Las transacciones del Protestantismo chileno en el período 1973-1981 del gobierno Militar*. Lovain-La-Neuve, 1983. Para América Central, J. Pierre Bastián, "Religión Popular Protestante y comportamiento político en América Central, clientela religiosa y estado patrón en Guatemala y Nicaragua", *Cristianismo y Sociedad*, Segunda Entrega, Año XXIV, Tercera Época, (1986) Nro. 88: 41-56. Véase también Heinrich Schäfer, *Protestantismo y Crisis social en América Central*. Costa Rica: DEI, 1992; Abelino Martínez, *Las sectas en Nicaragua. Oferta y demanda de Salvación*. Costa Rica: DEI, 1989; Bárbara-Boudewijnse, André Rogers y Frans Kamsteegs (eds), *Algo más que Opio: Una lectura antropológica del pentecostalismo latinoamericano y caribeño*. Costa Rica: DEI, 1991.

No obstante, el "maridaje", una tercera generación de jóvenes pentecostales, universitarios y secundarios educados mayormente en escuelas estatales politizadas, empezarán a ver con buenos ojos las alternativas de cambio que propugnan los protestantismos históricos ahora residuales y los de la nueva cristiandad católica.

Otro hecho vendría a favorecer esta evolución mental sería la convulsión revolucionaria de América Latina expresada posteriormente como Teología de la Liberación.

La "catequesis" pentecostal se había politizado. El misionero pentecostal y el pastor --líderes de opinión ambos-- en nombre del verdadero evangelio o del "evangelio completo", promovían desde el púlpito y desde sus programas radiales cruzadas anticomunistas.

Pero la dura realidad de América Latina, la educación politizada, la participación clandestina de los trabajadores pentecostales en los sindicatos, alguna que otra literatura "subversiva.", así como el movimiento de nacionalización de iglesias, constituían el marco en que la "propaganda política" se convertía en un arma de doble filo para las jóvenes generaciones. La intención anti-latinoamericana no sólo se dejaba sentir, sino que causaba el efecto contrario al buscado. Y los jóvenes pentecostales agudizaban su vocación por el cambio de A.L. y por la necesidad de una renovación eclesial.

La visión pentecostal respecto del catolicismo y del protestantismo histórico, se dividía. Un sector adulto, aunque también el sector joven conservador, se quedaba con una mentalidad sacralizadora, en tanto que otro sector joven y rementalizado asumía una mentalidad liberadora. La escisión estaba dada y las causas eran políticas.

Con mentalidad abierta e inquieta, algunos jóvenes pentecostales ingresarán a centros de educación teológica antes no permitidos, tales como el Seminario Bíblico Latinoamericano (SBL), el Instituto Superior Evangélico de Estudios Teológicos (ISEDET), el Seminario Evangélico de Lima (SEL), el Seminario Evangélico de Puerto Rico, entre otros. Otros, con una vocación distinta, ingresarán a Universidades Católicas. Los más radicalizados, serán ganados por instituciones ecuménicas que buscaban, por otro lado, renovar cuadros y llegar a iglesias que de otro modo no podían. Estos desarrollarán una visión más ecuménica del catolicismo, distinguirán sectores y tendencias del catolicismo, asumirán *la causa popular* con naturalidad, desarrollarán una conciencia de responsabilidad para con su pentecostalismo tradicional de donde salían, y se irán constituyendo --desde dentro-- en fuerza de presión y de re-mentalización.

Asistimos así, en la década de los 80s, a la consolidación de "mentalidades pentecostales contestatarias". La gestación de la *unidad pentecostal* que acompaña los encuentros ecuménicos abiertos a la participación pentecostal --entre ellos el CLAI-- daría sus primeros frutos. En enero de 1988, alrededor de treinta líderes pentecostales se reunieron en Salvador, Bahía - Brasil para tratar como tema central El Ecumenismo y para proyectar a futuro una "avanzada" que permita dar al pentecostalismo latinoamericano una nueva fisonomía. En el cónclave, el Dr. Gabriel Vaccaro, uno de los líderes pentecostales más preclaros y visionarios, hablaba de "la identidad pentecostal" y de la "Paradoja del Ecumenismo y exclusivismo" de los pentecostales[122].

Entre tanto, la mentalidad conservadora se alineó más bien con CONELA. Siguiendo la ideología y teología del Imperio, dominado por los líderes misioneros que repuntaban en el escenario latinoamericano tras haber perdido hegemonía en el período 29 al 49, muchos líderes pentecostales vieron en CONELA la materialización de sus aspiraciones. Ávidos por el ascenso social e imbuidos de la mentalidad capitalista del "prestigio social", trabajan actualmente por una *pentecostalización del planeta* y sirven de canales de irradiación de la ofensiva neo-conservadora de los Estados Unidos.

Algunos predicadores "más exitosos" de A.L., ingenua, pero conscientemente, se han convertido en fieles imitadores de tele evangelismo norteamericano. Esta mentalidad sevillista, dado el caso, no tendría escrúpulos para una alianza política con el catolicismo ultra-conservador.

---

[122] Gabriel O. Vaccaro, *Identidad Pentecostal*. (Edición Ampliada) Quito, Ecuador: CLAI, 1990: 39 y passim

Así, pues, llegados a la tercera etapa, nos encontramos con un pentecostalismo escindido, pero no por eso menos fuerte o anacrónico. Tenemos también un catolicismo de Nueva Cristiandad escindido y que lucha --en su vertiente modernizadora-- por no perder la hegemonía y que ve en el pentecostalismo un serio peligro religioso y también político.

Por su parte, ni la tendencia católica de promoción social (Comunidades Eclesiales de Base, CEBs, y Comunidades indígenas), ni las jóvenes generaciones pentecostales más ecuménicas, se han acercado para un diálogo sincero y horizontal.

Se hace necesario una correlación de fuerzas a este nivel. Para ello es imprescindible que la tendencia pentecostal rementalizado, forme cuadros intermedios para la acción y el trabajo de promoción social. De otro modo, el diálogo será desigual. La creación del Encuentro Pentecostal Latinoamericano (EPLA) podría ser útil a este respecto, a condición de ser más inclusivo de los diversos sectores del pentecostalismo latinoamericano.

CAPITULO IV
LA "TEOLOGÍA DE LA PENTECOSTALIDAD" COMO BASE PARA LA UNIDAD DE LA IGLESIA

Quisiera ensayar aquí, si me lo permiten, algunas aproximaciones a una "teología de la pentecostalidad"[123] como base para la unidad de toda la iglesia y de la propia humanidad.

I. LA PENTECOSTALIDAD COETÁNEA A LA CATOLICIDAD

Entendemos por pentecostalidad "el principio y práctica religiosa tipo, informada por el acontecimiento de pentecostés.

Se trata de una experiencia universal que eleva a la categoría de "principio" (arqué ordenador) las prácticas pentecostales que intentan ser concreciones históricas de esa experiencia primordial.

Desde el punto de vista cristológico, la pentecostalidad es la "fuerza del Espíritu" que hace posible a la Iglesia como cuerpo de Cristo y como pueblo de Dios en la historia concreta de los hombres.

En su calidad de "principio", la pentecostalidad en sí misma rebasa cualquier concreción histórica del tipo pentecostal que pretenda ser su expresión única (exclusividad) o que pretenda convertirla en **su** absoluto, negando a otros la posibilidad de fundarse también en ella (inclusividad).

Sostenemos la tesis de que en el fondo de toda iglesia profesamente

---

[123] Este apartado forma parte de una investigación en curso para una tesis doctoral, por lo que sólo la presento como esbozo, no por mezquindad, sino por respeto a ustedes, ya que todavía está en una etapa de intuiciones.

cristiana hay una pentecostalidad latente o manifiesta. Y esto es así, por las siguientes razones:

1) El acontecimiento de Pentecostés es un proto-fenómeno del cristianismo históricamente constituido.

> a) Es **anterior** en su calidad de PROMESA y en el sentido de que lo funda y lo permea en aquello que le es fundamental: ser y dar testimonio de la presencia del Jesús Resucitado, hecho Señor y Cristo.

> b) Es el acontecimiento cristológico que da comienzo escatológico a la Iglesia, en virtud del Reino prometido.

> c) La pentecostalidad no es un epifenómeno del cristianismo, como podría sugerir la presencia actual de los pentecostalismos o las experiencias pentecostales posteriores al hecho crístico postpascual o postpentecostal.

2) El acontecimiento Pentecostal, en lo que tiene de primordial y fundante, es el "lugar simbólico" de remisión al que está referido toda la mediación histórica de la iglesia universal de Jesucristo, vale decir toda iglesia cristiana.

> a) Es "lugar de referencia" no en el sentido normativo como si la vida de los primeros cristianos (iglesia primitiva) se constituyera en "modelo" de los siguientes. Lo es más bien en su calidad de ejemplaridad de la voluntad comunitaria de auto-entenderse, de auto-crearse, a partir del acontecimiento Pentecostal en tanto acontecimiento crístico, que es lo mismo decir: "en virtud de la pentecostalidad"

> b) La referencia a la iglesia primitiva como experiencia fundadora tiene vigencia aún hoy por su carácter de arquetipo para nosotros, porque lo es **desde nosotros**

Coetáneo al catolicismo primitivo, tuvo lugar lo que llamaremos el "pentecostalismo primitivo" (primigenio) que fue, después, concomitante a él bajo la forma de una pentecostalidad.

1) Desde este punto de vista, es lícito buscar y hallar una pentecostalidad latente o manifiesta en toda "catolicidad". En otras palabras, "allí donde exista una comunidad religiosa informada por la "catolicidad", allí habrá también una pentecostalidad latente o manifiesta.

2) Es posible replicar, sin embargo, que "el pentecostalismo primitivo" no es coetáneo al "catolicismo primitivo". Esta hipótesis tendría en cuenta sólo un aspecto del problema: Que, en esencia, tal como se puede derivar de los sinópticos, ya hay un catolicismo primitivo en la experiencia de Jesús y sus discípulos, más no se ve claramente la "pentecostalidad". Pero la argumentación no tiene en cuenta el hecho de que "sólo desde Pentecostés es posible identificar, incluso, la experiencia de Jesús y sus discípulos. De suerte que, el catolicismo primitivo, después de Pentecostés ya no es el mismo, o simplemente ya no existiría sin él. Uno no puede referirse al otro como si Pentecostés no hubiera existido. Pentecostés es históricamente posterior, pero teológica y epistemológicamente anterior.

3) Catolicidad y pentecostalidad quedan así consubstanciadas y mutuamente informadas. ¿La catolicidad es catolicidad en virtud de la iglesia o la iglesia es iglesia en virtud de la catolicidad? Teológicamente la catolicidad es anterior al cristianismo como la pentecostalidad es anterior al pentecostalismo.

4) La pentecostalidad es la universalidad del Espíritu de Cristo que hace posible la Iglesia como una comunidad pentecostal.

La conciencia, el sentido y la experiencia de misión universal de la comunidad Jerosolimitana tuvo lugar sólo a partir del acontecimiento Pentecostal, como actualización del hecho de Cristo. De ahí en adelante, cada comunidad pentecostal se entenderá a sí misma como expresión histórica de la pentecostalidad y como determinada por ella. Una vez más, el suceso teologal produce el hecho social.

II. LA PENTECOSTALIDAD: CARISMA E INSTITUCIÓN ECLESIAL.

1) Podemos interpretar la historia de la iglesia como la historia del conflicto entre el carisma y la institución: la historia del predominio (manifestación) de uno contra la represión (o latencia) del otro.

2) Después de los tres primeros siglos de predominancia de lo carismático al interior de la institución eclesial, la pentecostalidad apareció como contenida y normada (rutinizada, diría Weber) por la Iglesia institucional en la lucha por la institucionalizar y regular la vida de las comunidades cristianas.

3) La historia posterior de la iglesia cristiana fue testigo de las diferentes formas en que la pentecostalidad se manifestó. Unas veces como opuesta a la iglesia institucional, otras como subterránea a ella. Unas veces como secta o herejía a combatir otras veces como herejía combatiente que se erige como por sobre la institución.

4) Por esta razón una historiografía de la pentecostalidad debería considerar períodos intermitentes que marcas a veces su latencia y otras veces su manifestación.

¿Es posible una historia de la pentecostalidad? El signo concreto de su presencia, manifestación, o de su ausencia o latencia puede tomar dos formas históricas:

Una que conocemos como "avivamiento" (*revival*) de la Iglesia con manifestaciones de Reformas moderadas o radicales y otra que reconocemos como "esclerosamiento"de la misma y su consecuente constantinización. Lo hemos visto en la lucha por las reformas de la Iglesia en la Edad Media.

La pentecostalidad vive así una especie de movimiento cíclico de evolución-involución, latencia-manifestación, avivamiento esclerosamiento, represión-liberación del carisma.

III. LA PENTECOSTALIDAD COMO CRITERIO EPISTEMOLOGICO

A continuación, esbozo lo que sería las líneas maestras para la elaboración de la categoría "pentecostalidad". En razón de la brevedad de estas notas, sólo podré señalarlas como principios o enunciados que espero puedan ayudar al debate de la unidad [124]

a. LA PRAXIS PENTECOSTAL

1. Entendemos por praxis "la acción humana eficaz en su relación ético política y de plena densidad histórica" (distinta a la mera "eficiencia" o al mero "rendimiento" técnico) y en su relación dialéctica con una teoría general de la acción eficaz o praxeología. Su correspondiente bíblico es la noción guanina de "verdad" (hacer verdad).
R, Alves suele decir: "Verdad es el nombre dado por la comunidad histórica a aquellos actos históricos que fueron, son y serán eficaces para la liberación del hombre"

2. La praxis Pentecostal es "la acción humana que hace presente en la historia concreta de los hombres la presencia de Cristo resucitado como salvación del hombre y como suscitador de su liberación escatológica" Es, se puede decir, la historización de la pentecostalidad, al mismo tiempo que su lógica (razón).

3. La praxis Pentecostal es, por lo tanto, una actividad social y religiosa, activa y lógica

b. EL "PRINCIPIO" PENTECOSTAL

1. El "Principio Pentecostal" (PP) es la fuerza del Espíritu que otorga poder al hombre para superar los condicionamientos que quieren reducirlo a la inhumanidad. Es la razón (lógica) por la cual las cosas son lo que son, y en ese sentido, el principio Pentecostal es el Espíritu de Cristo (arqueé) que razón y fundamento de todas las cosas (gr. *ta*

---

[124] El detalle de estos elementos de la pentecostalidad, puede verse en mi libro *El Principio Pentecostalidad. La Unidad en el Espíritu, Fundamento de la Paz*. Oregón, USA: Kerigma Publicaciones, 2016: 118-127.

panta). En Él se conjugan tanto la razón como la realidad.

2. El principio Pentecostal en cuanto principio crístico es tanto el "principium ascendi" (como realidad o principio del ser) y el principium cognoscendi (principio del conocer) que hace posible la historicidad y la trascendentalidad de la iglesia. Como fuerza del Espíritu hace fuerte al débil y exalta al humilde, al tiempo que debilita al fuerte y humilla a los exaltados.

3. El PP quiere oponer "espíritu" allí donde el hombre solo quiere poner materia (gr. *fysis*) y corporeidad allí donde el hombre quiere espiritualizarse. El principio Pentecostal se opone así radical y definitivamente al principio Babel, generador del caos, la anomia.

4. El PP es por eso mismo anti-monofisista y anti-docético y se yergue contra todo idealismo con la misma intensidad que lo hace contra todo materialismo.

5. El PP genera vida en toda su dinámica, toda su complejidad, toda su plenitud y toda su irreductibilidad.

6. Por el PP. el hombre puede tener la capacidad espiritual que abre el entendimiento para "ver", "comprender" y discernir el plus de las cosas, más allá de las cosas mismas.

7. El PP es así, sabiduría del Espíritu, criterio de verdad para desvelar el misterio de Cristo y hacer posible su presencia en medio de la historia.

8. El PP como acto del Espíritu de Cristo es la acción de Dios que capacita al hombre para hablar y para actuar en el horizonte de la salvación.

9. El PP, como realización histórica, deviene "imperativo ético" y "moral social".

c. EL IMPERATIVO PENTECOSTAL

1. La acción pentecostal atestigua la presencia concreta del "Imperativo Pentecostal" (IP) en el mundo.

2. El IP tiene valor de la ley universal; en cuanto su finalidad última --cual es la de realizar la pentecostalidad-- no se contradice con los imperativos categóricos o absolutos de la humanidad sana y normal.

3. Esto no significa que su validez se verifique por los imperativos categóricos humanos, sino, por el contrario, es universal en la medida que no se reduce a uno solo de ellos, en la medida que no los suplante.

4. El IP hace posible y viable la "praxis pentecostal y da lugar a la comunidad Pentecostal como "comunidad ética"

5. El IP expresa la voluntad de Dios en el modelo de la Obediencia de Cristo (que se haga tu voluntad y no la mía) y hace posible la "comunidad de la obediencia" bajo el impulso del "principio Pentecostal"

6. Si bien el imperativo Pentecostal es "universal" porque enuncia (indica) el Hecho de Cristo resucitado y en el sentido que extiende su valor simbólico para toda la comunidad cristiana, es por otra parte "particular" en cuanto traduce irreductiblemente en la diversidad de expresiones culturales el Hecho de Cristo.

7. El IP en cuanto es manifestación del PP, expresado en códigos humanos, participa de la precariedad (penultimidad) de toda disposición humana; participa de la tensión entre la tendencia hacia lo absoluto del Espíritu de Cristo y la tendencia hacia lo condicional de la posibilidad humana.

d. HERMENEUTICA PENTECOSTAL

1. La Hermenéutica (H) es un proceso que involucra una serie de elementos espirituales, sociales, culturales y prácticos, orientados a modificar o influir sobre la conducta de los demás.

2. La H. teológica es por ello un proceso de comprensión y actualización de la presencia y mensaje de Dios a los hombres en, desde y para una situación histórica específica.

3. Como ciencia (arte y técnica) de la interpretación la H. es tanto el conjunto de caminos por los que se llega a traducir una realidad cualquiera, cuanto la reflexión sobre estos caminos (epistemología)

4. El acto hermenéutico es la traducción y comprensión del sentido que el hombre inscribió en sus prácticas y en la interpretación de las mismas por medio de un texto literario o por otras prácticas[125]

5. Por eso la H. Pentecostal (HP) es el proceso de interpretación (comprensión) y actualización del Principio Pentecostal hecho imperativo en la pentecostalidad. Como tal no es sólo un hecho noético y explicativo; es también práxico y per formativo.

La HP es fundamentalmente una hermenéutica del Espíritu que busca la comprensión más profunda del sentido mesiánico en las Sagradas Escrituras, en los acontecimientos y en la propia experiencia de los creyentes en la iglesia y en su vida cotidiana.

e. EL KAIROS PENTECOSTAL

1. El Kairós Pentecostal (KP) es el tiempo oportuno de la manifestación de la pentecostalidad.

2. El KP es experimentado como realidad sólo por aquellos que participan del Principio Pentecostal y están dispuestos a actuar bajo el Imperativo Pentecostal.

---

[125] "Como parte de la semiótica --pero desbordándola al propio tiempo-- la hermenéutica es la ciencia de la comprensión del sentido que el hombre inscribe en sus prácticas y en la interpretación de las mismas por la palabra, por un texto o por otras prácticas. Toda acción humana se convierte en un signo que hay que descodificar; con mayor razón si es Dios quien inscribe su sentido en los acontecimientos" Cf. José Severino Croatto, *Liberación y Libertad. Pautas hermenéuticas*. Lima, Perú: CEP, 1978: 7

3. EL KP en cuanto praxis es percibido como Avivamiento espiritual y en cuanto Hermenéutica es vivido como pasible de verificación.

4. Como Tiempo de Dios el KP es ofrecido a su iglesia para su revitalización (Edificación). Como tal puede ser percibido o ignorado, aceptado o rechazado.

Queda pues, por elaborar, lo que sería el quehacer teológico propiamente tal que correlacione estos elementos con la realidad social, en una relación dialéctica de donde surjan lineamientos para la acción de la iglesia desde este eje de análisis.

CAPITULO V
PLURALISMO RELIGIOSO Y UNIDAD DE LA IGLESIA: ANOTACIONES PARA UN DIALOGO INTERCONFESIONAL

Un tema que me parece sustantivo a la unidad de la iglesia y que serviría para completar el cuadro teórico, es el relativo al pluralismo religioso.

El pluralismo religioso representa tanto un serio desafío para el ecumenismo y en ese sentido para el diálogo inter-confesional e inter-religioso.

Quisiera encarar el tema del pluralismo religioso, tal como lo percibimos hoy en el Perú y en particular desde la teología y la experiencia religiosa pentecostal, en la esperanza de aportar otros elementos para la discusión.

Plantearé cuatro aspectos que creo son urgentes para nuestro debate:

- Pluralismo Religioso y configuración del Campo Religioso (catolicismo)
- Pluralismo Religioso y Ecumenismo (Interconfesionalidad en el marco de lo cristiano)
- Particularidad y Universalidad del Cristianismo y el Dialogo Inter-religioso
- Esencia de la Religión: Naturaleza y Verdad de las religiones en el debate sobre el pluralismo religioso desde una perspectiva teológica.

I. PLURALISMO RELIGIOSO Y CAMPO RELIGIOSO

Generalmente la discusión sobre el Pluralismo Religioso (PR) ha sido fuertemente influenciada por las ciencias de la religión, especialmente por la historia y la sociología de la religión, en función de la jurisprudencia, ya que el debate sociohistórico giró en torno al derecho de existencia o de ingreso de una religión distinta a la religión establecida desde la colonización de América Latina, como fue el cristianismo católico, hasta muy entrado el siglo XX.

Temas como los de la "herejía luterana", la extirpación de idolatrías, o el de la Libertad de Cultos, se plantearon históricamente desde el ámbito jurídico, primero en relación con el derecho de Indias y posteriormente, desde la Independencia, en relación con su constitucionalidad y con los márgenes que dejaban las posibles relaciones entre la Iglesia Católica y el Estado. (Léase Patronato y las motivaciones del liberalismo)

Pero detrás de esos análisis siempre estuvo subyacente y de forma soterrada la cuestión de la verdad de la religión cristiana en su expresión católico-romana y la falsedad o "herejía" de las disidencias religiosas conocidas inicialmente como protestantismos.

No fue sino hasta inmediatamente después de la Independencia, que la entrada del protestantismo reformado (1849) y luego los protestantismos de misión (1900), le dio al *conflicto* un carácter marcadamente político en el CR.

Hasta entonces, la cristiandad se había impuesto sobre el mal llamado "paganismo" indígena, con la presuposición de la verdad de la religión cristiana y la falsedad de cualquier otra formación religiosa. El conflicto del CRP podía definirse entonces como un conflicto fundamentalmente jurídico religioso, aunque las motivaciones fueran políticas que explican la imposición del regimen colonial español.

Pero el conflicto por la competencia del CR tomó un sesgo

propiamente político y secular cuando la Iglesia católica buscó afianzar constitucionalmente su derecho a la hegemonía del campo religioso (desde 1860). Hablar de *pluralismo* en este contexto es, para el catolicismo, como violentar el estado de derecho del cristianismo del cual él, en su propia opinión, es su absoluto representante.

En la medida que ese CR fue engrosándose con el ingreso de los pentecostalismos (1919s) y de una serie de Movimientos Religiosos de distinto origen y naturaleza, (1960s) el tema del pluralismo fue cambiando de tono y pasó mas bien al plano de lo cultural, en razón de que estos movimientos son vistos como sectas y por lo mismo una amenaza a la identidad nacional forjada durante 400 años al calor de la religiosidad católica y también protestante.

El ingreso de las sectas al Perú es entonces el signo de una agresión cultural (teorías de la conspiración) y la reevangelización del Continente bajo la luz del catolicismo postconciliar, se concibe no tanto como un mandato de Cristo, cuanto una necesidad nacional de afirmación de la cultura latinoamericana.

Después de 500 años de presencia cristiana y ante el peligro latente de la polución de las sectas, es necesario afirmar el cristianismo por sobre toda otra forma de religiosidad. La re-evangelización de AL, insinuada en Medellín y sostenida en Puebla, como en Pataya, es planteada tanto por el catolicismo como por el protestantismo misionero como el signo de la modernización de la cultura, que no tolera revisionismos o indigenismos y menos el surgimiento de religiones ancestrales o la afirmación "andinófila" de sincretismos que desdeñan la fe cristiana.

Pluralismo de manifestaciones de lo cristiano sí, es posible, pero reafirmación de religiones ancestrales no, de ninguna manera. Pluralismo y ecumenismo aquí son ideas compatibles, pues se plantean como desafíos de la unidad de la fe cristiana en contra de todo paganismo que la pervierta. Lo dicho nos pone de lleno en nuestro segundo punto.

II. PLURALISMO RELIGIOSO E INTERCONFE-SIONALIDAD

Por muchos años la presencia del CLAI en AL ha sido el testimonio de una incansable búsqueda de la unidad de la iglesia, por cristianos con una clara vocación de universalidad del cristianismo y una visión amplia de la misión de la iglesia que no se redujo nunca a la evangelización proselitista de los pentecostales ni a la visión exclusivista de los católico-romanos.

Heredero de una larga tradición del viejo protestantismo europeo, el ecumenismo latinoamericano buscó afianzar, desde Panamá (1916) pasando por los Congresos de Montevideo(1925) y La Habana (1929) y las CELAs (1949-1961), lazos de comunión y cooperación entre los diversos protestantismos afirmando así la Inter-denominacionalidad, y, hasta donde le fue posible, logró sostener un diálogo fraterno y alturado con la Jerarquía Católica, afirmando la inter-confesionalidad pero siempre en el ámbito de lo cristiano[126] (Léase aquí catolicos, protestantes y ortodoxos).

Articulado desde Oaxtepec (1978) y constituído formalmente en Huampaní, Lima, (desde 1982), el CLAI ha consolidado tanto en su estructura orgánica como en sus proyectos, lo que sería el modelo de *un ecumenismo latinoamericano* en el que las prioridades de la misión de la iglesia, si bien buscan la unidad visible de esta con bases doctrinales comunes, se orienta fundamentalmente a resolver tensiones de tipo social, cultural, político, económico y religioso de AL. Se trata, a mi juicio, de un *ecumenismo funcional* a las demandas propias del Continente y que tiene que batallar diplomáticamente con un catolicismo fuerte y conservador, así como con un protestantismo fundamentalista, que no tolera posiciones de protesta sino a riesgo de considerarlo como socialista, comunista o revolucionario.

El ámbito del pluralismo religioso para el ecumenismo latino-americano ha estado marcado hasta los años 80, especialmente por el

---

[126] Cf Tomás Gutiérrez, *"Los Congresos evangélicos en América Latina.(1916-1992)"*, Lima: CEHILA (Mimeografiado), 1995. Cf. también, CLAI, *Oaxtepec 1978: Unidad y Misión en América Latina*. Costa Rica: CLAI, 1978.

antagonismo ideológico entre los sectores de izquierda y de derecha, con fundamento en teorías misiológicas en tensión, mas bien que por la oposición entre identidades católicas y protestantes. Entre ambos existió, a ojos del pentecostalismo, una especie de alianza tácita o coincidencia de proyectos mas bien ilustrados por oposición a las religiones populares colocados como siendo antagónicos al ecumenismo.

Con todo, el ecumenismo latinoamericano que se expresa en el CLAI, ha sido también un *ecumenismo ilustrado,* al estar marcado, desde su fundación, por las contradicciones de clase, de status y de poder de sus principales representantes, asi como por la hegemonía del luteranismo y el metodismo al interior del protestantismo ecuménico internacional. Aunque el propio CLAI, como el CMI, haya optado por la superación del confesionalismo, (metodista, luterano y rioplatense) no obstante creemos que aún no lo ha logrado y que representa todavía el reto por un verdadero pluralismo al interior del ecumenismo latinoamericano y europeo. No me refiero sólo a un pluralismo de ideas, de opiniones y teologías, sino también a un pluralismo de identidades y de gobiernos verdaderamente democráticos. Con "pluralismo de identidades" me refiero especialmente al predominio del mestizaje criollo y blanco por sobre el indígena, negro, femenino y pentecostal.

Mas que una crítica, este discurso quiere ser una invocación, pues en el fondo de todo pluralismo se esconde una vocación democrática y la unidad de la iglesia de la cual hablamos y por la cual vivimos exige, de cara al evangelio, la presencia real y efectiva de la diversidad de **todos** los sectores que representan a la iglesia latinoamericana.

La presencia pentecostal efectiva y de negociación política recien fue posible --y todavía con carácter simbólico de una real correlación de fuerzas-- hasta la III Asamblea General del CLAI del 25 de Enero al 1 de febrero de 1995, en Concepción, Chile, en lo que se llamó --entre corrillos--la Alianza Luterana Pentecostal ("LUPE") para la distribución del poder. Pero aún esta, representa todavía un viejo estilo de hacer ecumenismo por alianzas políticas, mas bien que por la dirección libre del Espíritu Santo.

Un tercer punto tiene que ver con la posibilidad del diálogo interreligioso como perfil de un avanzado pluralismo religioso en América Latina y lo quiero plantear desde la discusión sobre la particularidad y universalidad del cristianismo en relación con otras religiones.

III. EL DIALOGO INTER-RELIGIOSO

A partir de las décadas del 70 y del 80, cuando empiezan a llegar a AL una variedad de movimientos religiosos libres, de naturaleza y origen distintos al cristianismo, y con la revitalización de la discusión sobre la igualdad de derechos de las religiones ancestrales desde los 90s, el tema del pluralismo religioso se plantea de un modo radicalmente nuevo.

De la discusión sobre la *libertad religiosa* se pasó así a la de la "igualdad religiosa"[127]

De la discusión sobre el diálogo interdenominacional e interconfesional en el ecumenismo se pasó a la discusión sobre el diálogo interreligioso, abriéndose con ello otras fronteras hasta entonces pálidamente perfiladas.

Así lo hizo el CLAI desde su última asamblea con el eje temático "Justicia, Paz y Esperanza Solidaria", y en particular desde su programa 4 denominado "pastoral aborigen y contra toda discriminación". El CMI lo planteó desde la relación entre "Evangelio y Cultura" –que fue el tema de la Conferencia Mundial de Salvador, Bahía, Brasil, en noviembre de 1996.

La discusión, que recién ahora se inicia con fuerza, no se queda pues en la descripción fenomenológica o en la simple constatación sociológica de la existencia de otras religiones en el interior del CR Latinoamericano. No se trata únicamente de un engrosamiento de los actores "magico-religiosos" (o los "brujos" en la teoría de Weber y

---

[127] Debemos esta apreciación a la insistencia del Dr. Míguez Bonino, en *la "Conferencia sobre Libertad Religiosa y Unidad de la Iglesia".*, organizada por el CLAI Región Andina, Lima, Perú, 5-7 Agosto, 1992.

Pierre Bourdieu[128]) o del pluralismo de ofertas simbólicas de bienes de salvación en el mercado religioso. Se trata de otra cuestión mas bien cualitativa, relacionada con la esencia de la religión o la validéz y el carácter absoluto/relativo del cristianismo, tan cara a la teología y filosofía de la religión y que las ciencias de la religión se niegan a discutir.

¿Qué significa para el cristianismo latinoamericano y para el propio ecumenismo la presencia y existencia de otras religiones no cristianas?

¿Tiene el cristianismo un carácter absoluto como fue discutido por Ernst Troeltsch ya en 1929 en su "El carácter Absoluto del cristianismo y la historia de las religiones"[129]?¿Puede hablarse de *pluralismo* religioso sin refrirse a la cuestion del valor y de la verdad de las religiones?

¿Debe deducirse la verdad de una religión únicamente por su coherencia interna, en relación con su porpia naturaleza (identidad), sin referencia a un absoluto, como lo es Cristo para el cristianismo?

¿Tienen las religiones aborigenes el mismo valor último como lo tiene el cristianismo en cuanto sistema religioso referido a Dios como "*ultimate concern*" (P.Tillich)? En otras palabras, ¿son verdaderas todas las religiones, cualquiera sea su centralidad, su principio de autoridad, así como su concepción de lo sagrado y lo divino? ¿Qué es, entonces, la iglesia y cómo se define la unidad de la misma? ¿Qué significa para el CLAI la igualdad religiosa en términos de la Unidad en la fe: un mismo Espíritu, un sólo bautismo, un Sólo Señor, y un Dios de todos?

¿Cuál es el límite de la particularidad del cristianismo en relación con las religiones aborígenes, por ejemplo, y cuáles son los alcances de su pretención de universalidad, habida cuenta que todos los sistemas

---

[128] Ver esquema de la página 55 de este libro.
[129] Ernst Troeltsch, *El Carácter absoluto del cristianismo*. Salamanca: Sígueme, 1979 (original en alemán: *Die Absolutheit des Christentums und die Religionsgeschichte*, Tubingen, 1929).

religiosos tienen las mismas pretenciones absolutas?

La discusión inacabada del asunto nos impide contestarlas en detalle. Sólo me parece útil formularlas, para facilitar nuestra discusión. Estamos así de cara en el cuarto punto.

IV. ESENCIA DE LA RELIGIÓN: NATURALEZA Y VERDAD DE LAS RELIGIONES

Un viejo tema como el de las *notae* o marcas de la Iglesia: Unidad, Santidad, Apostolicidad, Catolicidad, y Unicidad de la Iglesia, debe ser levantado nuevamente aquí, a la luz de la discusión sobre el Pluralismo Religioso y Unidad de la Iglesia.

Tillich decía en su *Filosofía de la Religión* que "la cuestión de la verdad de la religión se responde mediante la aprehensión metalógica de la naturaleza de la religión como orientación de la religión hacia el significado incondicionado". Ahora bien, continúa Tillich, "en la aprehensión metalógica de la naturaleza de la religión, la pregunta con respecto a la verdad de la religión también tiene una respuesta: la esfera del significado que tiene que ver con la verdad (…) encuentra su fundamento en el significado incondicionado hacia el cual está orientada la religión (…) Las cuestiones de la esencia y la verdad de la religión convergen"[130]

Aunque no dice nada sobre cual verdad por ser en si misma una reflexión circular y generalizadora, Tillich nos coloca en el plano de las significaciones y de lo simbólico, es decir, en el plano de las representaciones. Una religión debe ser juzgada como verdadera por el significado de su orientación última o incondicional y no por sus condicionamientos culturales e históricos.

Ello nos remite al plano de la fe y a las referencias simbólicas de los contenidos de esa fe.

---

[130] Paul Tillich, *Filosofía de la Religión*. Argentina: La Aurora, 1973: 58.

Desde este punto de vista el cristianismo quiere ser ante todo una presencia o una prolongación histórica de Cristo sobre la tierra, una cristiandad, al rededor del cual se agrupan todos aquellos que se identifican con él como siendo parte de él mismo (los cristianos). Se trata de una identidad particular que se diferencia de la totalidad, pues no se confunde en la generalidad de las formas o contenidos religiosos cualquiera sea su significado, sino que reclama para sí una particularidad y una diferenciación con el resto de identidades religiosas. A este hecho se le reconoce como la *ek-klesia* que implica conceptos profundamente teológicos como "santidad" y "elección divina" o llamamiento de entre los muchos. Por eso, el cristianismo primitivo, enfrentado a la multiplicidad de religiones y obligado al diálogo con occidente, sintió la necesidad de afirmar mas bien las *notae (o marcas)* distintivas de la iglesia, lejos de afirmar las coincidencias o correspondencias de universalidad con otras religiones. Esto es así precísamente por su referencia al absoluto o el *Incondicional,* como solía decir Paul Tillich.

Pero el cristianismo primitivo así como el medieval y moderno, tiene plena conciencia de la relatividad de las diversas expresiones de *lo cristiano*. Su escisión desde la Reforma le permitió darse cuenta de la precariedad de las formas culturales en que se expresa lo cristiano así como las pretenciones de universalidad de cada una de estas formas como negación de las demás y como expresión de su carácter condicionado.

Según Míguez Bonino, hoy es común hablar de la existencia de "varios" *cristianismos* dentro del cristianismo primitivo, no en el sentido de que fueran realidades totalmente diferente y aisladas, sino como movimientos paralelos, con sus particularidades, conflictos e influencias mutuas. Hubo, dice Míguez:

> "Un *judeo-cristianismo de Siria occidental* (Antioquía) reflejado en el evangelio de Mateo y *uno con inclinaciones gnósticas en Siria Oriental* (Edesa), que se advierte en el apócrifo Evangelio de Tomás (ca.150 DC). Un *cristianismo samaritano* que estaría a la base del evangelio de Juan y *un cristianismo galileo* con sus pro-

pias tradiciones, que después fue articulado en lo que se podría llamar un *cristianismo paulino*"[131].

Con los comienzos de la modernidad, debe hablarse de una teoría *de los cristianismos* en lugar de la universalidad o catolicidad del cristianismo. No hay un cristianismo sino *una diversidad de expresiones de lo cristiano*[132]. La catolicidad ya no estará expresada históricamente como hasta antes de la Reforma, sino que evocará una relación con el Dios universal al cual se referirán por igual las distintas tradiciones históricas, especialmente las religiones abrahámicas.

PALABRAS FINALES

Creo que no está demás saludar y agradecer la iniciativa del CLAI de empezar por casa un acercamiento entre las distintas familias denominacionales. Todos sabemos que una casa dividida contra sí misma, no puede permanecer. Y al hablar de casa, la tomo en su sentido más amplio que no excluye a los católicos y ortodoxos, pero también en el sentido más íntimo del término, ya que para que el diálogo con el catolicismo sea más fructífero, es necesario que nos pongamos de acuerdo primero entre nosotros.

Bien. Hasta aquí he dicho mi palabra. No he hablado por los pentecostales en general, sino a nombre propio, pero con conciencia de pertenecer a la familia pentecostal y sin negar mi convicción ecuménica. El diálogo está abierto. La mesa de la comunión está servida.

---

[131] José Míguez Bonino, *Conflicto y Unidad en la Iglesia*. San José, Costa Rica: SEBILA, 1992: 31.
[132] Alfredo Fierro, *Teoría de los Cristianismos*. España: Verbo Divino, 1982.

BIBLIOGRAFIA

Agustín, "De haeresibus", en *Obras completas de San Agustín, XXX VIII. Escritos contra los arrianos y otros herejes*, ed. y trad. de T. Calvo y J. M. Ozaeta, Madrid: BAC, 1990.

Altendorf, H.-D. et al., *Orthodoxie et hérésie dans l'Eglise ancienne. Perspectives nouvelles*. Genève/Lausanne/Neuchâtel, 1993.

Altendorf, H.-D. et al., *Orthodoxie et hérésie dans l'Eglise ancienne. Perspectives nouvelles*, Genève/Lausanne/Neuchâtel, 1993.

Álvarez, Carmelo (Ed), *Pentecostalismo y Liberación. Una experiencia Latinoamericana*. Costa Rica: DEI, 1992.

Álvarez, Carmelo. *El Protestantismo Latinoamericano. Entre la crisis y el Desafío*. México: CUPSA, 1981.

Barba Caballero, José. *Historia del movimiento obrero peruano*, Lima: Signo, 1981.

Bastián, J. Pierre "Religión Popular Protestante y comportamiento político en América Central, clientela religiosa y estado patrón en Guatemala y Nicaragua", *Cristianismo y Sociedad*, Segunda Entrega, Año XXIV, Tercera Época, (1986) Nro. 88: 41-56.

Bastián, J. Pierre. *Breve Historia del Protestantismo en América Latina*, México: CUPSA, 1990.

Bastián, Jean Pierre. *Protestantismo y Modernidad Latinoamericana. Historia de unas minorías religiosas activas en América Latina*. México: *Fondo de Cultura Económica, 1994.*

Bastián, Jean Pierre. *Protestantismo y Sociedad en México*. México: CUPSA, 1983.

Bloch, Ernst. *Thomas Münzer, Teólogo de la Revolución*. Madrid: Ciencia Nueva, 1968.

Blumer, Herbert. «Social Movements», en: R. Serge Denisoff (ed.) *The Sociology of Dissent*, N.Y. Harcourt Brace Jovanovich, 1974.

Boudewijnse, Bárbara; Rogers, André y Kamsteegs, Frans (eds), *Algo más que Opio: Una lectura antropológica del pentecostalismo latinoamericano y caribeño.* Costa Rica: DEI, 1991.

Bourdieu, Pierre. «Genèse et structure du champ religieux», *Revue Francaise de Sociologie.* XII, 1971:295-334.

Brandao, C. Rodrigues, «*Religión, Campo Religioso y Relación entre Religión Erudita y Religión del Pueblo*» (mimeografiado).

Brandao, Carlos Rodrigues. *Os deuses do Povo. Um estudo sobre a religiao popular.* Sao Paulo: Brasiliense, 1986.

Campos, Bernardo «*En la fuerza del Espíritu: Pentecostalismo, Teología y Ética Social*» en: *En la fuerza del Espíritu.* Asociación de Iglesias Presbiterianas y Reformadas de América Latina (AIPRAL) Guatemala: AIPRAL-CELEP, 1995.

Campos, Bernardo «Pentecostalism: A Latin American View» en Huibert van Beek (ed.), *Consultation with Pentecostals in the Americas. San José Costa Rica 4-8 June.* Geneva, 1996.

Campos, Bernardo «*Religión y Liberación del Pueblo*», Lima: CEPS, 1989

Campos, Bernardo. *El Principio Pentecostalidad. La Unidad en el Espíritu, Fundamento de la Paz.* Oregón, USA: Kerigma Publicaciones, 2016.

Canales, Manuel -Palma Samuel -Villela, Hugo En *Tierra Extraña II. Para una sociología de la religiosidad popular protestante.* Chile: Amerindia, 1991.

Cartaxo Rolim, Francisco *Pentecostais no Brasil. Uma Interpretaçao Sócio-Religiosa.* Petrópolis: Vozes, 1985.

Cartaxo Rolim, Francisco. «Pentecostisme et Societé au Brésil», en *Social Compass 26*, Nro. 2-3 (1979):345-372

CLAI, *Oaxtepec 1978: Unidad y Misión en América Latina.* Costa Rica: CLAI, 1978.

Cohn, Norman. The *Pursuit of the Millennium: Revolutionary Millenarians and Mystical Anarchists of the Middle Ages.* Londres: Oxford University Press, 1970.

Croatto, José Severino, *Liberación y Libertad. Pautas hermenéuticas*. Lima, Perú: CEP, 1978.

Curatola, Marco «Mito y Milenarismo en los Andes: Del Taki Ongoy a Incarrí», *Allpanchis Vol. X* (Cusco, 1977)

Damboriena, Prudencio El *Protestantismo en América Latina* 2 Vols. II La situación del protestantismo en los países latinoamericanos (Estudios Socio Religiosos Latinoamericanos 13) Friburgo-Bogotá, 1963.

David Martin. *Pentecostalism: The World Their Parish*. Wiley-Blackwell, (1990) 2001.

De Santa Ana, Julio. *Ecumenismo y Liberación*. Madrid: Paulinas, 1987.

Deiros, Pablo A. -Mraida, Carlos. *Latinoamérica en Llamas*. Miami: Caribe, 1994.

Del Mar Marcos, María. *Herejes en la Historia*. Madrid: Editorial Trotta, S.A., (2009) 2010.

Driver, Juan. *La Fe en la Periferia de la Historia. Una Historia del pueblo cristiano desde la perspectiva de los movimientos de restauración y reforma radical*. Guatemala: Eds. Clara-Semilla, 1977.

Engels, Federico. *Las Guerras Campesina en Alemania*. Cali, Colombia: Ed. Andreus, 1979.

Ferreira Camargo, Prócoro. *Kardecismo e Umbanda*. Sao Paulo: Pioneira, 1970.

Fierro Bardaji, Alfredo. *Teoría de los cristianismos*. España: Verbo Divino, 1982.

Fürter, Pierre. *Dialéctica de la esperanza. Una interpretación del pensamiento utópico de Ernst Bloch*. Bs. As: Tierra Nueva Eds. La Aurora, 1979.

Gera, Lucio Bunting y Cetena, *Teología, Pastoral y Dependencia*. Bs. As: 1974.

Gouvea Mendonça, Antonio O *Celeste Porvir. A inserção do protestantismo no Brasil*. Sao Paulo: Paulinas, 1984.

Gouvea Mendonça, Antonio. "Evolução historica e configuração atual do protestantismo no Brasil", en, A. G. Mendonça- Prócoro Velasques Filho, *Introdução ao protestantismo no Brasil*. Sao Paulo, Brasil: Ediçoes Loyola, 1990.

Granados, Manuel Jesús. «Sí, Señores, esto es Sendero», *Diario La República,* (Lima-Perú) 12 de marzo de 1989.

Gutiérrez, Tomás *«Los Congresos evangélicos en América Latina. (1916-1992)»,* Lima: CEHILA (Mimeografiado), 1993.

Haakonssen, Knud. "Republicanism." In: Robert E. Goodin and Philip Pettit. eds. *A Companion to Contemporary Political Philosophy*. Cambridge: Blackwell, 1995.

Henry Fry, Peter e Nigel Howe, Gary. «Duas Respostas á Aflição: Umbanda e Pentecostalismo», Rev. *Debate & Critica*. Nro. 6 (Julho) 1975: 75-94.

Hill, Michael. *Sociología de la Religión*. Madrid: Cristiandad, 1976

Hollenweger, W. *El Pentecostalismo. Historia y Doctrinas*. Bs. As: La Aurora, 1976.

Houtart, Francois. *Sociologie de l Eglise comme institution*. Lovaina: 1973.

Huamán Pumayalli, Santiago Aquilino. La *Primera Historia del Movimiento Pentecostal en el Perú*. (Edición propia del autor) s/f

Jonacek, Josef, *La Reforma Protestante* Argentina: Cartago, 1966.

Jürgen Prien, Hans. La *historia del cristianismo en América Latina*. Salamanca: Sígueme, 1985.

Kessler, J. B. A. *A Study of the Older Protestant Missions and Churches in Peru and Chile Whit Special Reference to the Problems od Division, Nacionalism and Native Ministry*. Goes: Oosterbaan y Le Cointre, 1967.

Klaassen, Walter (Editor), *Selecciones Teológicas Anabaptistas*. Scottdale, Pensylvania: Herald Press, 1981 (1985).

Lagos Schuffeneger, Humberto La *Función de las Minorías Religiosas: Las transacciones del protestantismo chileno en el período 1973-1981 del gobierno Militar*. Lovain-La-Neuve, 1983.

Lalive d Epinay, Christian «*Sociedad Dependiente, clases populares y milenarismo: posibilidades de mutación de una formación religiosa en una sociedad en transición. El Pentecostalismo en Chile*», En: Varios, Dependencia y Estructura de Clases en América Latina (Trad. del francés). Argentina: Megápolis,1975.

Lalive d Epinay, Christian, El *Refugio de las masas*. Chile: Pacífico, 1968.

Lalive d Epinay, Christian, *Religion, dynamique sociale et dépendance, les mouvementes protestants en Argentine et au Chili*, Paris: Mouton, 1975.

Lalive d Epinay, *Religión e Ideología en una perspectiva sociológica*. Barcelona: Seminario Evangélico de Puerto Rico, 1973

Lambert, Bernard. *El Problema Ecuménico*. Madrid: Guadarrama, 1963.

Le Boulluec, A. *La notion d'hérésie dans la littérature grecque. IIe-IIIe siècles*, 2 vols., Paris, 1985.

Le Boulluec, A. *La notion d'hérésie dans la littérature grecque. IIe-IIIe siècles*, 2 vols., Paris, 1985.

Léonard, Emile G. *Historia General del Protestantismo*. Vol. I: La Reforma. Madrid: Península, 1967.

Léonard, Emile G. *O Iluminismo num Protestantismo de Constituição recente*. Brasil: Imprensa Metodista, 1988.

Maduro, Otto. *Religión y Conflicto Social*. México: Centro de Estudios Ecuménicos-Centro de Reflexión Teológica, 1980.

Marcos, Mar. *Herejes en la Historia*. Madrid: Editorial Trotta, S.A., 2009, 2010.

Mariátegui, José Carlos. *7 ensayos de interpretación de la realidad peruana, Obras completas,* Vol. 2. Lima, Perú: Ed. Amauta, 1928.

Martin, David. *Tongues of fire*. Oxford: Blackwell, 1990.

Martínez, Abelino Las *sectas en Nicaragua. Oferta y demanda de Salvación*. Costa Rica: DEI, 1989.

Marzal, Manuel *El Sincretismo Iberoamericano*. Lima: PUCP, 1988

Marzal, Manuel La *Transformación Religiosa Peruana*. Lima: PUCP, 1983.

Mehl, Roger. *Sociología del Protestantismo*. Madrid: Stvdivm, 1974.

Míguez Bonino, José. *La fe en busca de eficacia*. Salamanca: sígueme, 1977.

Míguez Bonino, José. "Historia y Misión", en: Varios, *Protestantismo y Liberalismo*. Costa Rica: DEI-SEBILA, 1983.

Míguez Bonino, José. «Historia y Misión», En: *Raíces de la Teología Latinoamericana*. Costa Rica: DEI, 1985.

Míguez, Bonino, José. Conflicto *y Unidad en la Iglesia*. San José, Costa Rica: SEBILA, 1992.

Muniz de Souza, Beatriz *A Experiencia da Salvação Pentecostais em Sao Paulo*. Brasil: Duas Cidades, 1969.

Palma, Samuel y Villela, Hugo «*El pentecostalismo: La religión popular del protestantismo latinoamericano. Algunos elementos para entender la dinámica de las iglesias pentecostales en América latina*» Santiago, Chile: mimeo, 1989: 1-15

Pereira de Queirós, María Isaura. *Messianismo no Brasil e no mundo*. Sao Paulo: Dominus,1966.

Phillips, Bernard. *Sociología. Del Concepto a la Práctica*. USA. McGraw-Hill, 1982.

Ricoeur, Paul *Finitud y Culpabilidad*. Madrid: Taurus, 1969.

Robeck, Jr., Cecil M. *Pentecostals and Ecumenism. An Expanding Frontier* (Zurich Paper), 1994: 1-55.

Rodrigo, Sánchez. «La teoría de lo andino y el campesinado de Hoy», *Allpanchis. Año XII, Vol. XVII, Nro. 20* (Cusco 1982): 255pp.

Sabanes Plou, Dafne. *Caminos de Unidad: Itinerario del Diálogo Ecuménico en América Latina 1916-1991.* Quito, Ecuador: CLAI. *1994.*

Schäfer, Heinrich Protestantismo *y Crisis social en América Central.* Costa Rica: DEI, 1992.

Sepúlveda, Juan. «Pentecostalismo y Religiosidad Popular», *Pastoral Popular Vol. XXXII* 1981, Nro. 1: 16-25.

Shaull, Richard *La Reforma y la Teología de la Liberación.* San José, Costa Rica: DEI, 1993.

Stoll, David *¿Se vuelve América Latina Protestante? Las Políticas del Crecimiento Evangélico* (Trad. María del Carmen Andrade) Ecuador: Abya-Yala, s/f (original en inglés de 1990).

Sulmont Samain, Denis. *El movimiento obrero peruano: 1890-1980, reseña histórica*, 2ª ed. Corregida y aumentada. Lima: Tarea, 1980.

Tillich, Paul. *Teología Sistemática III: La Vida y El Espíritu. La Historia y El Reino de Dios*, Salamanca: Sígueme, 1984.

Tillich, Paul. *Filosofía de la Religión.* Argentina: La Aurora, 1973.

Tillich, Paul. *La Era protestante.* Bs. As: Paidós, 1965.

Troeltsch, Erns. *El Protestantismo y el Mundo Moderno.* México: FCE, [6]1983.

Troeltsch, Ernst *El Carácter absoluto del cristianismo.* Salamanca: Sígueme, 1979 (original en alemán, Tubinga, 1929).

Vaccaro, Gabriel O. *Identidad Pentecostal.* (Edición Ampliada) Quito, Ecuador: CLAI, 1990.

Varetto, Juan C. *La Reforma Religiosa del siglo XVI.* Bs. As: Junta Bautista de Publicaciones, 1959.

Weber, Max. *La Ética Protestante y el Espíritu del Capitalismo.* México: [3]1996.

Willems, Emile. *Followers of the New Faith*, Tenn. Vanderbilt University Press, 1967.

Williams, George Huntson. *La Reforma Radical*. México: Fondo de Cultura Económica (Primera edición en español, corregida y aumentada) 1983.

Wilson, Bryan. *Sociología de las Sectas Religiosas*. Madrid: Guadarrama, 1970.

Yoder, J.H. *Textos Escogidos de la Reforma Radical*. Bs. As: La Aurora, 1976.

Zabala, Rubén. *Historia de las Asambleas de Dios del Perú*. Lima: Dios es Amor, 1989.

www.ingramcontent.com/pod-product-compliance
Lightning Source LLC
Chambersburg PA
CBHW032123090426
42743CB00007B/439